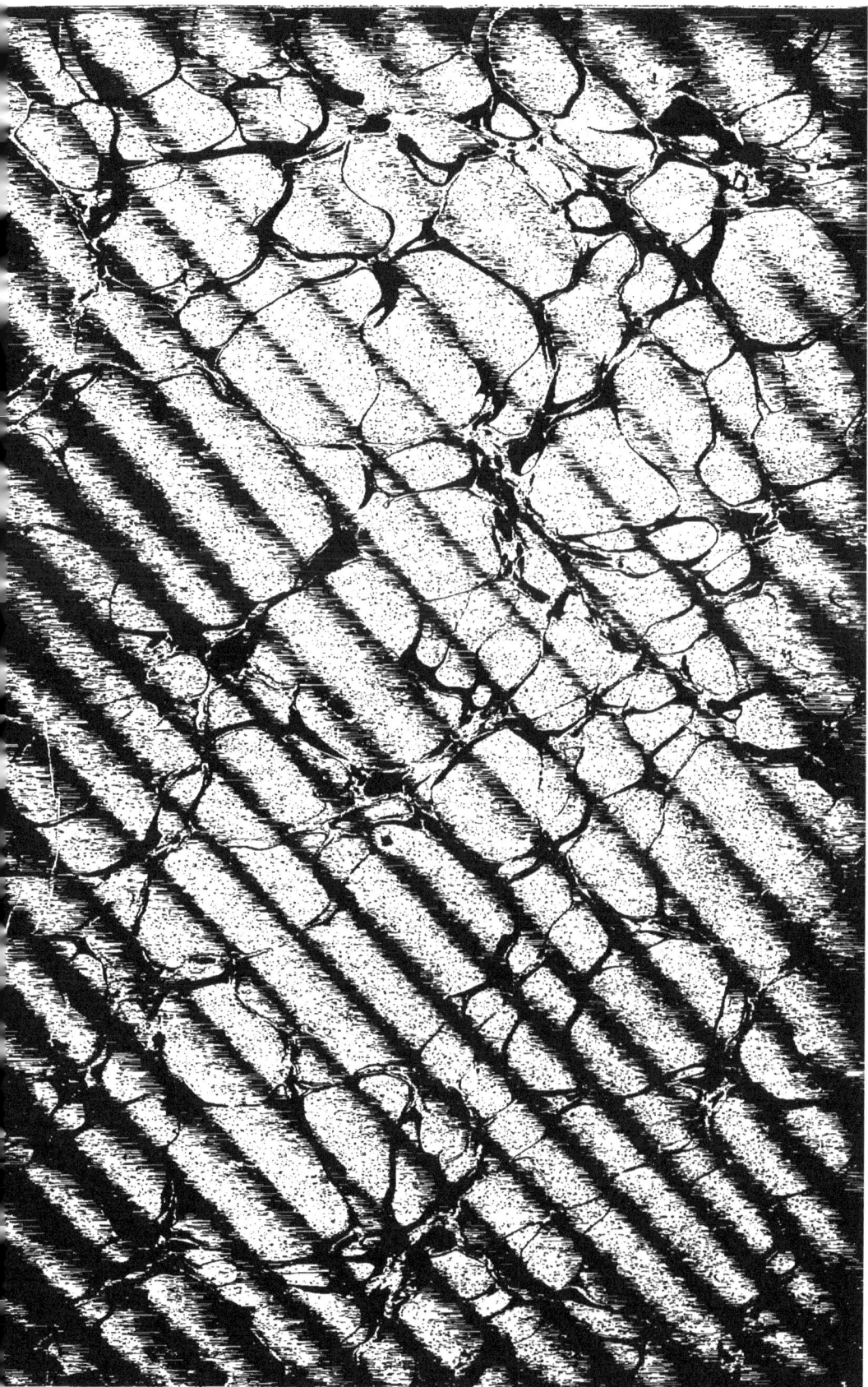

MINISTÈRE DU COMMERCE, DE L'INDUSTRIE
DES POSTES ET DES TÉLÉGRAPHES

EXPOSITION INTERNATIONALE DE CHICAGO EN 1893

RAPPORTS

PUBLIÉS

SOUS LA DIRECTION

DE

M. CAMILLE KRANTZ

COMMISSAIRE GÉNÉRAL DU GOUVERNEMENT FRANÇAIS

COMMISSARIAT SPÉCIAL DE L'AGRICULTURE

PARIS
IMPRIMERIE NATIONALE

M DCCC XCIV

4° S

1∫3∫

RAPPORTS

SUR

L'EXPOSITION INTERNATIONALE DE CHICAGO

EN 1893

MINISTÈRE DU COMMERCE, DE L'INDUSTRIE
DES POSTES ET DES TÉLÉGRAPHES

EXPOSITION INTERNATIONALE DE CHICAGO EN 1893

RAPPORTS

PUBLIÉS

SOUS LA DIRECTION

DE

M. CAMILLE KRANTZ

COMMISSAIRE GÉNÉRAL DU GOUVERNEMENT FRANÇAIS

COMMISSARIAT SPÉCIAL DE L'AGRICULTURE

PARIS

IMPRIMERIE NATIONALE

M DCCC XCIV

COMMISSARIAT SPÉCIAL DE L'AGRICULTURE

M. L. VASSILLIÈRE
INSPECTEUR GÉNÉRAL DE L'AGRICULTURE

COMMISSAIRE SPÉCIAL

RAPPORTS

DE

MM. LEZÉ, RINGELMANN, FETET
A. D'HUMIÈRES

DÉLÉGUÉS DU MINISTÈRE DE L'AGRICULTURE

COMMISSARIAT SPÉCIAL DE L'AGRICULTURE

COMITÉ 2

La Laiterie à l'Exposition de Chicago

RAPPORT DE M. R. LEZÉ

PROFESSEUR À L'ÉCOLE NATIONALE D'AGRICULTURE DE GRIGNON
DÉLÉGUÉ DU MINISTÈRE DE L'AGRICULTURE

COMMISSAIRE RAPPORTEUR

Comité 2.

LA LAITERIE

À L'EXPOSITION DE CHICAGO.

L'industrie des produits du lait acquiert de jour en jour plus d'importance dans les régions moyennes de l'Amérique du Nord; aussi lui avait-on réservé une large place à l'Exposition.

Tous les appareils serrés les uns à côté des autres occupaient, dans leur ensemble, toute une aile du premier étage dans le palais de l'Agriculture, et, en outre, on avait construit non loin du lac Michigan, près du pavillon des Forêts, un petit bâtiment spécial destiné à abriter les produits lors des expositions partielles, et toute une installation d'une laiterie en marche, le *Dairy Building*.

En gens pratiques, les Américains avaient profité de cette occasion pour instituer certaines expériences presque irréalisables autre part que dans une exposition. Le public ne voyait dans ce dernier bâtiment qu'une laiterie bien montée et fonctionnant bien; l'heureux visiteur, plus avant initié, accueilli par MM. Gilbert, Babcock, Farrington, pouvait arriver à apprécier à quel point les savants organisateurs de cette laiterie avaient su profiter du vaste champ d'expérience qui leur était ouvert. Ils avaient trouvé l'occasion d'établir un laboratoire-usine, vaste et complet, dans lequel chaque opération était étudiée la balance à la main, puis contrôlée par de nombreuses analyses.

Si l'exposition des appareils de laiterie du palais de l'Agriculture ou de ceux qu'on rencontrait dans les expositions partielles ne présentait pas un grand choix de choses nouvelles, l'attention se reportait volontiers sur ces recherches scientifiques instituées et dirigées par le professeur Babcock.

Les résultats de ces expériences ne seront, par suite de motifs que nous indiquerons plus loin, connus que plus tard, mais nous exposerons les grandes lignes et les principes de ces études.

Puissions-nous trouver l'occasion d'en accomplir de semblables et d'aussi utiles dans notre pays!

Nous appelons l'attention sur trois points de ce rapport :

I. Nous signalons l'apparition d'un malaxeur nouveau, le « Fargo », en espérant que nos bons et nombreux constructeurs français ne tarderont pas à mettre à profit le principe d'un appareil qui réalise un desideratum de la grande industrie.

II. Puis, deuxième point, que nos voyages plutôt que nos visites à l'Exposition ont pu établir d'une façon certaine, c'est que nous aurions en France un avantage énorme à étudier et à répandre la fabrication du « cheddar ».

Le fromage « cheddar » est le fromage du « Cantal », bien réussi et fabriqué plus sûrement et en un temps beaucoup moins long que celui que requiert notre gros fromage de l'Auvergne.

III. Enfin, en troisième lieu, nous décrivons le procédé de maturation de la crème dans des cuves à température réglable à volonté. Il y a, dans l'adoption de ce procédé en France, un progrès à réaliser en regard d'une bien faible dépense d'installation.

Afin de faciliter l'intelligence de notre étude, nous suivrons dans nos descriptions l'ordre même des fabrications et de leurs différentes phases :

Commerce et conservation du lait;

Fabrication du beurre;

Fabrication des fromages.

I

COMMERCE ET CONSERVATION DU LAIT.

Appareils à traire les vaches. — Sans nous arrêter à la description des tétines en caoutchouc, nous devons mentionner deux modèles d'appareil à traire, exposés dans la section danoise. Le premier est la Danish Milking Machine composée de trois cylindres à section droite en forme de la section d'une poire; ces trois cylindres, recouverts de cuir ou de caoutchouc, sont, au moyen d'excentriques, animés de mouvements de déplacement latéraux; l'espace minimum entre deux cylindres varie de position avec le temps, et le pis de la vache se trouve pressé peu à peu et graduellement entre les deux surfaces.

Dans l'autre machine, plus complexe, ces mouvements de succion sont obtenus par un jeu simultané de deux leviers tenus un dans chaque main. Au moyen d'un des leviers, on soulève et l'on abaisse alternativement un vase en forme d'entonnoir carré ou de trémie, tandis qu'avec l'autre levier on fait mouvoir latéralement des rouleaux compresseurs de caoutchouc.

Nous ne voyons pas bien clairement l'utilité de ces machines à traire. Elles sont, en somme, surtout la seconde, assez compliquées, difficiles à nettoyer; seuls des opérateurs habiles peuvent trouver avantage à s'en servir; aussi ne croyons-nous pas devoir insister sur la description de ces appareils.

Commerce du lait. — *Conservation.* — Il existe, aux États-Unis, un assez fort commerce de lait en nature, mais on est bien loin de prendre, pour recueillir et préserver ce précieux liquide, toutes les précautions indiquées par la science moderne. Tel le lait est tiré, tel il est livré aux consommateurs, et comme, en général, les laiteries sont assez proprement tenues, le lait se conserve encore un certain temps sans altération. La plupart des procédés et des appareils présentés à Chicago étaient d'origine étrangère.

Pour une conservation d'une courte durée, on voyait à la galerie de laiterie un appareil assez simple basé sur le principe des carafes à rafraîchir dites *alcarazas* ou *moringas*.

Le rafraîchisseur imaginé par Mme Caroline Westcott Romney, de Chicago, est une armoire cubique dont la base manque; sur un des côtés est établie une porte d'accès; les parois sont composées de briques poreuses reliées entre elles par des armatures en feuillard. Le tout est posé dans une grande bâche contenant quelques centimètres d'eau. Le liquide monte le long des parois par capillarité et son évaporation constante procure un abaissement de température assez sensible.

Quoi qu'il en soit, cette armoire est peu pratique, son poids est considérable et, à supposer même que l'on pût adopter une autre matière que la brique pour constituer les parois : liège, tissus, etc., le réfrigérant resterait toujours assez lourd, encombrant et d'un médiocre effet utile.

La Star Cooler Company exposait un réfrigérant de disposition très connue et non des meilleurs cependant, le réfrigérant en tôle ondulée ou en alliage avec circulation méthodique de l'eau froide.

Dans la section danoise, au rez-de-chaussée du bâtiment de l'Agriculture, se trouvaient les pasteurisateurs et réfrigérants de Paarsch, à Horsens; le pasteurisateur était celui de Burmeister et Wain; le réfrigérant, le type usuel à surface ondulée suivant une forme circulaire cylindrique; on remarquait aussi dans cette exposition un réfrigérant genre Baudelot.

La stérilisation paraît aussi préoccuper assez peu les Américains; aucun des appareils exposés n'était du pays.

Ainsi, au premier étage du petit bâtiment spécial de la laiterie, on trouvait l'appareil de Neuhauss, Gronwald, OEhlmann, de Berlin, appareil décrit depuis longtemps et dans lequel la stérilisation obtenue à 102 degrés peut être faite soit dans des bouteilles que l'on ferme à chaud, soit dans des bidons de grande capacité. On peut effectuer la stérilisation par la vapeur produite dans une chaudière spéciale et envoyée dans le vase où se trouve le lait.

Dans l'appareil de stérilisation continue exposé par Neuhauss, le lait est contenu dans un vase très plat plusieurs fois replié sur lui-même pour augmenter la surface, et plongé dans un bain de vapeur. Les bidons de réception à deux tubulures sont mis en connexion avec le lait chaud encore, ils sont stérilisés à l'avance et ne communiquent plus avec l'air que par l'intermédiaire d'un filtre de coton stérilisé. Une des tubulures sert à l'introduction de l'air, l'autre à l'échappement. Ces gros bidons ne nous paraissent utilisables que pour des usages bien restreints et si la solution du problème est intéressante, l'appareil ne recevra probablement pas beaucoup d'applications. Au surplus, en grand, dans ces appareils, la stérilisation reste quelque peu incertaine; quoique le vase à lait soit monté en autoclave, on ne dépasse guère 100 degrés et, à cette température, tous les germes de maladie ne sont pas tués même après une heure d'exposition à la chaleur. Une température plus élevée est plus efficace, mais alors l'aspect et le goût du lait sont notablement altérés : le lait devient brunâtre, très fluide, et prend le goût connu sous le nom de *goût de cuit*.

Lorsque les vases dans lesquels s'est effectuée la stérilisation ne sont pas complètement remplis, il s'y fait pendant les transports une sorte de barattage, et il se détache du liquide de petites pelotes de beurre dont l'aspect est désagréable.

Tous ces inconvénients de la stérilisation sont graves, parce que l'on voit que, si l'on conserve le liquide, ce n'est pas sans le dénaturer.

Quelques personnes ont cherché à remédier au premier inconvénient, altération du goût et de la couleur, en fractionnant la stérilisation. Au lieu de l'obtenir en une seule fois par une température élevée, on chauffe moins, mais à plusieurs reprises, en laissant entre ces chauffes un intervalle de temps suffisant pour que les spores deviennent adultes et que les microbes soient ensuite plus facilement détruits par une chaleur même modérée. C'est dans cette remarque que réside l'invention de Dahl tant de fois imitée ou reproduite. C'est probablement par un procédé du même principe qu'était préparé le « Natura Milch », exposé par Bosch et Cⁱᵉ, de Waren (Mecklembourg), car la couleur blanche naturelle était bien conservée, mais les échantillons étaient peu homogènes, quelques-uns même défectueux.

MM. les docteurs Popp et Becker, de Francfort-sur-le-Mein, avaient exposé au premier étage du palais de l'Agriculture un appareil de stérilisation un peu imité de celui de Neuhauss, mais présentant un perfectionnement à noter.

Dans l'appareil Neuhauss, on se sert, comme récipients, de bouteilles disposées comme les canettes à bière, c'est-à-dire à bouchon appuyé par un ressort à excentrique construit en robuste fil de fer. On ferme les vases à lait lorsque la température a atteint 102 degrés en abaissant par un levier la boucle de fil de fer de tous les flacons à la fois; la fermeture est définitive, les laits sont privés d'air et conservés dans le vide, les bouteilles agitées rendent le coup de marteau d'eau.

Les docteurs Popp et Becker préfèrent, au contraire, pouvoir rouvrir

ces vases, et ils se servent à cet effet de bouteilles avec bouchons à obtura-
teurs manœuvrés tous ensemble de l'extérieur de l'appareil à stériliser.

On répète alors les stérilisations après une première chauffe et une première fermeture, on rouvre les bouteilles conservées dans l'appareil, mais
qui vont en se refroidissant, et cet air introduit ainsi redonne, d'après les
inventeurs, au lait stérilisé, ses propriétés primitives, son arome naturel
qui avait disparu par le chauffage. Bien entendu, l'air introduit est stérilisé avec grand soin et il est presque superflu de redonner une nouvelle
chauffe après l'aérage.

Nous n'avons pas goûté de laits ainsi traités, mais en principe l'idée de
la réintroduction de l'air paraît bonne.

L'appareil de Popp et Becker et de très bons laits préparés par les procédés de ces Messieurs ont figuré au Concours agricole de Paris en 1894.

Lait concentré ou condensé. — Il existe aux États-Unis et au Canada un
certain nombre de fabriques de lait concentré, mais on ne voyait à l'Exposition absolument rien d'américain en fait d'appareils destinés à cette industrie.

Il n'y avait que des échantillons de produits des usines suivantes : Elgin
Condensed Milk Cᵒ, à Elgin (Illinois); Highland Brand; Eagle Brand; de
la N. Y. Condensed Milk Cᵒ, à New-York. Tous ces laits étaient, d'après les
prospectus, purs et non écrémés.

M. Howell, de la fabrique de Goshen (N. Y.), expose du lait concentré
de préparation spéciale; il n'ajoute, dit-il, aucune substance dans ce lait
dont il donne la composition suivante trouvée en centièmes, déduite de
l'analyse :

Eau...	70.0 p. 100
Beurre...	8.5
Caséine..	8.0
Sucre de lait....................................	11.7
Sels...	1.8
Total....................	100.0

C'est du lait qui n'a été évaporé qu'à moitié environ de son volume, et,
dans ce cas, la longue conservation sans stérilisation nous paraîtrait impossible.

M. Howell assure que le lait qu'il présente est absolument stérilisé et
ne contient plus aucun germe de maladie; qu'en outre, par un procédé à

lui spécial, il a rendu les albuminoïdes plus assimilables et plus digestifs. Cette dernière assertion est assez difficile à contrôler.

Une fabrication encore plus mystérieuse est celle du *Matzoon* ou aliment de lait fermenté. Le prospectus porte que ce lait a été stérilisé préalablement, débarrassé par conséquent de tous les germes morbides et ensemencé ensuite avec un ferment spécial. En réalité, c'est un lait grumeleux, d'un goût aigre et qui nous a paru absolument désagréable, mais cette bouillie est, dit l'inventeur, une panacée contre les maladies de l'estomac, l'aliment par excellence des dyspeptiques. On prépare en Bretagne et en Norvège des laits coagulés filants qui ont quelque analogie avec ce *Matzoon*. Ces produits présenteraient de l'intérêt au point de vue de l'analyse bactériologique qui en pourrait être faite.

Wagons réfrigérants. — Dans le palais de la *Transportation* étaient exposés plusieurs wagons réfrigérants plus spécialement destinés au transport des produits de laiterie.

Les modèles de la *Pennsylvania R. R. C°*, de la patente de Wikes ou de celle de Hutchins, sont en somme peu différents les uns des autres.

Les parois des wagons réfrigérants sont épaisses et aussi imperméables que possible à la chaleur ; d'autre part, on profite du mouvement du wagon pour déterminer une circulation d'air à travers un compartiment rempli de glace ; l'air, après avoir rafraîchi les objets placés dans le wagon, est évacué par des ouvertures diamétralement opposées aux orifices d'arrivée ; elles sont ménagées près de la toiture alors que l'air froid pénètre à l'autre bout du wagon dans les parties les plus basses.

Les dispositions convenables pour ménager le courant d'air, pour renouveler la provision de glace, pour évacuer l'eau de fusion par des siphons sont faciles à concevoir, mais il nous semble que pour nous, en France, ces wagons réfrigérants ne sauraient avoir que des applications bien restreintes ; le prix de la glace est trop élevé pour que nous adoptions ce système et comme nos parcours ne sont jamais très longs, il nous semblera toujours préférable d'effectuer des transports dans des wagons à parois épaisses et mauvaises conductrices de la chaleur et de refroidir par avance ces wagons et leur contenu par un long séjour dans une chambre froide.

II

FABRICATION DU BEURRE.

Fabrication du beurre. — Résumons en quelques lignes les phases de cette fabrication : le beurre, retiré du lait comme matière première, est fabriqué au moyen d'un produit intermédiaire qu'on appelle la crème ; il faut donc tout d'abord préparer cette crème, on y parvient soit en abandonnant le lait à l'écrémage spontané, soit en accélérant la séparation des globules au moyen de la force centrifuge.

La crème est sans arome si elle vient d'être récemment préparée par les procédés mécaniques. On la fait mûrir soit spontanément, soit dans les laiteries modernes bien dirigées, en régularisant cette maturation qui n'est autre qu'une fermentation, par un ensemencement préalable au moyen de ferments purs.

On baratte la crème, puis on fait en sorte de débarrasser le beurre produit du petit lait emprisonné mécaniquement : on y parvient par l'opération du malaxage qui termine la fabrication.

Nous allons passer en revue :

I.   Les appareils d'écrémage, crémeuses, écrémeuses ;
II.   Cuves à maturation ;
III. Barattes ;
IV.   Malaxeurs ;
V.   Expériences sur les rendements des différentes races de vaches ;
VI.   Appareils pour la préparation directe du beurre au moyen du lait.

I. Écrémage spontané.

Nous n'avons que peu de mots à dire sur ce chapitre, car les appareils exposés ne présentaient aucune disposition, aucuns détails nouveaux ou intéressants pour nos constructeurs ou nos industriels.

L'écrémeuse Cooley était sous ses différentes formes exposée par la Vermont Farm Machine Company, de Bellows Falls (Vt) ; il n'y avait absolument rien d'innové ou de perfectionné dans la construction des vases, leur mode de décharge, etc.

Une disposition de crémeuses spontanées était présentée par M. Hays qui appelle son système *Deep Sitting*. Les pots dans lesquels doit se faire la montée de la crème sont placés dans un vase plein d'eau, et le brevet de M. Hays consiste à utiliser cette eau pour abreuver les animaux. Sur le prospectus offert par la maison, on aperçoit un homme pompant de l'eau; cette eau circule dans des tuyaux souterrains et aboutit à la bâche contenant les pots à lait; de là elle s'écoule par une nouvelle canalisation jusque dans l'auge, servant d'abreuvoir.

Que de travail, que de veilles, il a fallu à l'inventeur pour enfanter cette découverte!

Écrémeuses centrifuges. — Nous avons revu à l'Exposition certains types d'écrémeuses très connues et appréciées en France; nous ne les mentionnerons que pour mémoire. Ce sont les excellents appareils de DE LAVAL, de New-York, l'écrémeuse *Alpha* exposée par la Vermont Farm Machine Company et les usines de Bergedorf.

L'écrémeuse *Alexandra* construite par DAVIS et RANKIN, de Chicago; ces constructeurs, qui possèdent à Chicago une très grosse usine, ont apporté tous leurs soins à l'établissement de leurs écrémeuses *Balance;* cependant nous n'avons à signaler aucune disposition nouvelle.

Écrémeuses Sharples. — M. SHARPLES, à Elgin (Ill.), exposait deux modèles principaux d'écrémeuses.

C'était d'abord une petite écrémeuse à bras dans laquelle le bol est cylindrique et la tête rapportée sur ce cylindre par l'intermédiaire d'un pas de vis. C'est le chapeau qui contient l'emmanchement des tubes et orifices de sortie du lait écrémé et de la crème.

Dans le bol vide et tourné intérieurement, on met un système de trois ailettes entrant à frottement un peu dur pour l'entraînement du liquide pendant la rotation. Le nettoyage de cette petite turbine est donc des plus simples et des plus rapides. Dans l'évacuation des liquides séparés, rien à signaler.

L'*écrémeuse Russian,* du même constructeur, ne présente pas, à proprement parler, de particularités bien nouvelles (fig. 1) : le bol, d'une excellente construction, est embouti comme celui des séparateurs de de Laval, par exemple; la forme du tambour, le mode d'extraction du lait et de la crème sont de disposition connue et ne semblent ni meilleurs ni pires que ceux des modèles usuels. Dans la crapaudine, le support de rotation est constitué par une bille d'acier trempé et l'axe qui repose sur cette surface mobile traverse un palier soutenu par une bague en caoutchouc.

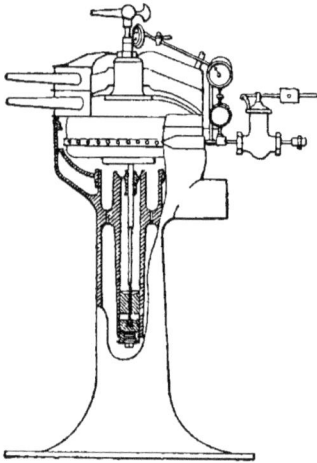

Fig. 1. — Écrémeuse Russian.

Mais ce que ce séparateur offre d'intéressant, c'est son mode de mise en mouvement par un jet direct de vapeur frappant dans des augets ou alvéoles ménagés tout autour du tambour. C'est une turbine de la plus grande simplicité, la transmission est encore moins compliquée que celle de la roue à réaction de de Laval, et cependant cette rotation directe ne plaît pas au premier abord.

Il est tout d'abord à craindre qu'un appareil disposé d'une façon aussi primitive n'utilise mal la vapeur et n'en consomme une énorme quantité par rapport au poids de lait écrémé.

L'expérience prouve que ce reproche est quelquefois fondé dans certaines conditions particulières.

L'inventeur prétend, sans que son dire soit parfaitement appuyé par des preuves, que ces turbines ne dépensent pas autant qu'on est enclin à le supposer. A employer de la vapeur à faible pression, la turbine donne des résultats médiocres, mais plus on se sert de vapeur à haute tension, plus le rendement s'élève et tend à correspondre à celui que donnerait une transmission par courroies.

L'auteur annonce que dans de bonnes conditions la turbine consomme 40 livres de vapeur à l'heure en écrémant 2,500 livres de lait; c'est environ 1 cheval à 1 cheval et demi pour un écrémage de 1,100 litres de lait dans une heure.

Le deuxième inconvénient présumé paraît plus grave : on peut craindre que ce jet continuel de vapeur n'échauffe le lait qui par conséquent ne donnerait plus que du beurre d'assez médiocre qualité.

D'après des expériences et des attestations, il n'en est rien, et, au contraire, le lait et la crème sortent à une température égale ou inférieure à celle de l'admission.

Voici d'après M. Phillips, de Germantown, le résultat de deux expériences exécutées avec le Sharples :

		FAHRENHEIT.		CENTIGRADES.	
		I.	II.	I.	II.
Températures	du lait introduit dans l'écrémeuse.	85°	92°	29°	33° environ.
	de la crème.................	78°	85°	26°	29°
	du lait écrémé..............	8°5	92°	29°	33°

La turbine fait l'office de ventilateur et comme la couronne des alvéoles est à peu près jointive avec l'enveloppe, il se produit un appel d'air énergique et l'air aspiré pénètre par les tubes de lait et de crème ainsi que par l'enveloppe du pied de l'appareil. Ce courant d'air circulant en sens inverse des courants de lait et de crème les rafraîchit par évaporation.

Malgré l'attestation ci-dessus, nous ne nous sentons pas suffisamment renseigné pour affirmer qu'il ne subsiste rien des inconvénients signalés; nous pensons qu'en thèse générale l'emploi de ces turbines à action directe devrait être limité au cas où l'établissement d'une transmission est chose difficile, par exemple dans une laiterie urbaine où l'espace disponible est restreint à cause du prix élevé des locations.

Dans le cas particulier où l'on adopte ce genre de moteur à vapeur directe, il est important pour un bon écrémage de conserver la régularité parfaite du mouvement et, dans ce but, d'adjoindre au tuyau d'amenée un régulateur de vapeur.

Celui que M. Sharples monte sur ses écrémeuses dérive d'une ancienne invention française, brevetée il y a dix-huit ans environ.

Sur le trajet du tube d'amenée de la vapeur, on interpose un tube cylindrique vertical en bronze bien alésé intérieurement. A la partie inférieure, ce tube porte plusieurs fenêtres ou fentes verticales qui sont obstruées plus ou moins par un flotteur se mouvant à frottement exact dans le tube de bronze. Si le flotteur s'élève sous l'influence d'un excès de pression, il étrangle de plus en plus les orifices de sortie de la vapeur en diminuant leur section. Dans son mouvement ascensionnel, ce flotteur vient buter en un point d'un levier chargé d'un poids.

Si la pression est suffisante, le flotteur soulève le poids, et dès lors la pression de la vapeur mesurée proportionnellement par ce poids antagoniste devient et reste constante.

Cette particularité, que nous signalons en passant, montre quels soins ont été apportés à tous les détails de la construction de cette turbine.

M. Sharples a profité des progrès réalisés par ses devanciers et a fait disparaître quelques-uns des défauts des écrémeuses usuelles : dans le but de charger peu les appareils, on tend ordinairement à agrandir le bol et à recueillir la crème loin de l'axe. Cette pratique dernière est mauvaise; loin de l'axe, la crème est animée d'une grande vitesse de rotation et elle est fouettée, aérée et mousseuse au moment de la sortie.

M. Sharples a eu le soin de placer l'orifice de sortie tout près de l'axe; la crème forme une couche cylindrique parallèle au tuyau d'amenée du lait qui occupe le centre et il n'y a que quelques millimètres d'intervalle entre la crème séparée et le tuyau d'alimentation. La crème sort donc avec une faible vitesse tangentielle, sans effort, sans projection brusque.

Des expériences faites tout récemment sur la séparation des globules dans le sang nous ont démontré l'énorme variété des résultats avec les turbines de construction différente : les globules du sang, plus lourds que le sérum, sont hachés, brisés dans les turbines à grand diamètre; ils restent intacts si la turbine de faible ouverture les déverse par sa périphérie.

Les résultats se différencient très facilement par l'aspect du sang traité qui est un liquide homogène ou moiré suivant que les globules sont ou ne sont pas brisés.

Sur le lait, cette action est plus difficile à analyser : les globules, dans l'un et l'autre cas, apparaissent toujours sphériques lorsqu'on les examine au microscope, mais peut-être sont-ils devenus de diamètres plus petits lorsqu'ils ont eu à supporter d'énormes vitesses produisant des sectionnements au moment de leur sortie, et l'on sait qu'avec des globules relativement petits, on perd sur le rendement et sur la qualité du beurre.

En règle générale, une turbine ne fouettant pas la crème donne des beurres meilleurs et de conservation plus prolongée.

Les écrémeuses cloisonnées sont à la mode; tout le monde a reconnu les mérites de l'écrémeuse « Alpha » qui, avec la « Mélotte », sont restées des modèles de genre, quoique les premières en date.

A l'Exposition de Chicago, MM. Lefeldt et Lentsch avaient présenté une écrémeuse dont l'intérieur était cloisonné par des plaques de celluloïd. Il est évident, à première vue, que dans tous ces modèles l'idée est la même, celle de délimiter le chemin suivi par les globules butyreux; le résultat est connu et bon, le rendement, le travail effectué ou en d'autres termes le nombre de litres travaillés à l'heure augmentant d'une manière sensible, mais les bols de ces écrémeuses cloisonnées sont tous plus ou moins sujets à s'engorger, à s'encrasser; leur effet utile diminue à tel point qu'il devient, au bout d'un certain temps de fonctionnement, nécessaire d'arrêter pour procéder à un nettoyage complet des pièces.

Cette perte de temps vient amoindrir le gain que l'on avait réalisé d'autre part.

II. Cuves à crème. — Cream Vat.

On a adopté presque partout en Amérique, pour la maturation de la crème, une disposition excellente que nous ne devons pas hésiter à prendre également chez nous.

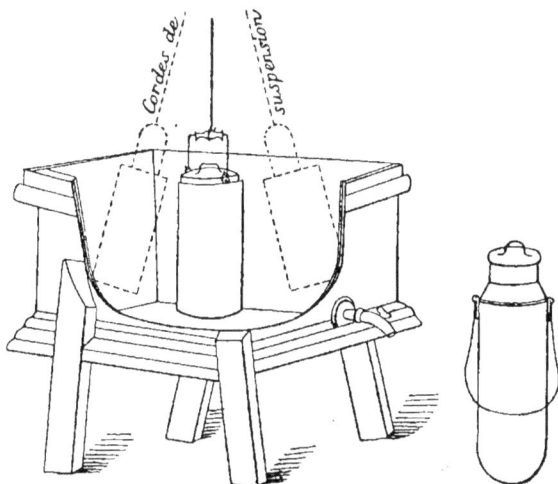

Fig. 2. — Cuve Boyd.

Ordinairement, dans nos laiteries industrielles, on reçoit la crème des centrifuges dans des bidons que l'on conserve ensuite dans des chambres à température régulière ou dans des bains d'eau. En Amérique on a imaginé d'employer des cuves de grande capacité qui reçoivent toute la crème d'une opération.

Ces cuves sont en tôle étamée, de forme demi-cylindrique et plongées en partie dans un bain d'eau renfermé dans une cuve extérieure de forme carrée. Cette deuxième caisse est en bois, doublée intérieurement de zinc ou de plomb.

Dans le bain-marie, on peut à volonté mettre de l'eau chaude ou froide, de la glace même, ou mieux, comme dans les cuves perfectionnées, faire varier à volonté la température par un barbotement de vapeur ou une circulation de liquide incongelable envoyé à une température très basse par l'action d'une machine à glace. Il devient donc possible, grâce à cette dis-

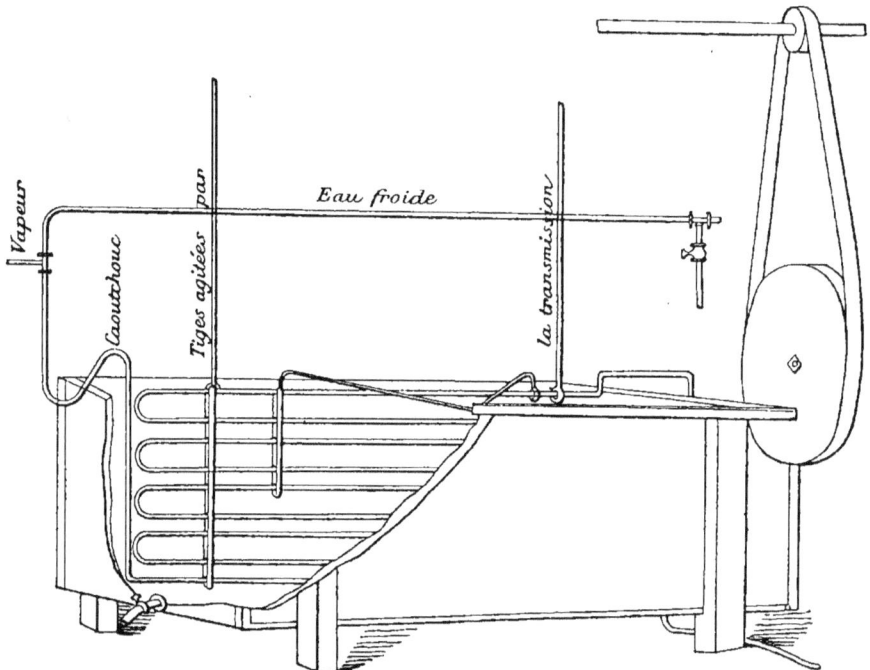

Fig. 3. — Cuve Boyd.

position, de maintenir la crème constamment à une même température voulue et de diriger avec sûreté sa maturation ou son acidification suivant les besoins. De temps à autre, on prélève des échantillons de la crème en évolution, on en détermine l'acidité et l'on arrête la fermentation lorsque la crème a atteint le degré d'acidité que l'expérience a indiqué comme le plus favorable.

On arrive alors à une régularité parfaite dans le travail; on livre au commerce des produits toujours les mêmes, toujours homogènes.

Dans les cuves à crème que nous venons de décrire, le réchauffement ou le refroidissement se font par l'intermédiaire des parois du vase. Cet échange de température n'a semblé ni suffisant, ni satisfaisant au constructeur John Boyd, de Chicago, qui préfère mettre le liquide dans une bâche ordinaire quelconque, mais à parois difficilement conductrices de la chaleur, puis obtenir les variations voulues de la température par l'intermédiaire d'un flotteur dans lequel on fait circuler à volonté du liquide chaud ou froid.

Le flotteur est toujours en mouvement, c'est là un fait connu et déjà observé en brasserie où l'on emploie, pour modérer et régulariser les fermentations basses, des nageurs à glace simplement immergés à la surface du moût mis en levure, et, dans ce dernier cas, le dégagement de l'acide carbonique facilite singulièrement les changements de position des flotteurs. Sur nos dessins, nous indiquons deux dispositions de la cuve de Boyd : dans l'une (fig. 2), les nageurs sont suspendus par des ficelles, et, en passant, les ouvriers remuent de temps en temps le liquide en déplaçant les vases. Dans la seconde disposition (fig. 3), le régulateur de température est un serpentin plat relié à une source froide ou à une source chaude à volonté. Le système est soutenu par des tringles mobiles et agité doucement, en mouvement d'éventail, par l'intermédiaire d'une grande roue portant un excentrique ou un bouton de manivelle. L'auteur affirme que, grâce à ces flotteurs, les échanges de température sont rapides et faciles.

Cette assertion n'est peut-être pas très justifiée lorsqu'il s'agit d'un liquide aussi visqueux que la crème.

III. Barattes.

Les barattes exposées à Chicago étaient assez nombreuses et variées ; l'imagination des inventeurs se donne libre carrière dans la conception d'appareils aussi simples. Il nous semble presque inutile d'insister sur la disposition d'un grand nombre de barattes destinées plus spécialement à la petite ferme et possédant largement leurs correspondants dans nos modèles nationaux. Citons :

1° « L'Union Churn » que nous appelons en France *la baratte américaine;*

2° Les barattes de la Mears Manufacturing Company, à Bloomsburg (Pa), modèles sans grand intérêt dont quelques-uns sont mus par plans inclinés pour chiens ;

3° « La Diamond ». C'est une baratte prismatique dont la section est un losange vertical et les génératrices dirigées horizontalement.

Suivant la plus petite diagonale qui, en position moyenne, est verticale, on a disposé une cloison de sorte que la baratte est en réalité divisée en deux compartiments triangulaires.

IMPRIMERIE NATIONALE.

Le mouvement s'effectue autour de l'axe de symétrie du prisme qui est horizontal et les chargements et déchargements par des portes fermées à volonté et serrées par des excentriques;

4° La baratte à disque, à l'heure actuelle très en faveur en Angleterre, consiste, comme on le sait, en un disque lenticulaire tournant à mi-hauteur dans un bassin plein de crème. Dans le modèle exposé à Chicago, le disque lenticulaire en bois projetait la crème entraînée contre un couvercle amovible; en somme, cette baratte d'un principe nouveau est réellement intéressante; elle réussit bien dans la pratique, et c'est un des outils les meilleurs pour faire assister tout un auditoire à toutes les phases du barattage : épaississement de la crème, apparition du beurre, lavage. M. DUNCAN, l'inventeur, construit pour les démonstrations, des barattes à enveloppes de verre afin que tous les phénomènes dont nous parlons puissent être sans peine aperçus, constatés et étudiés.

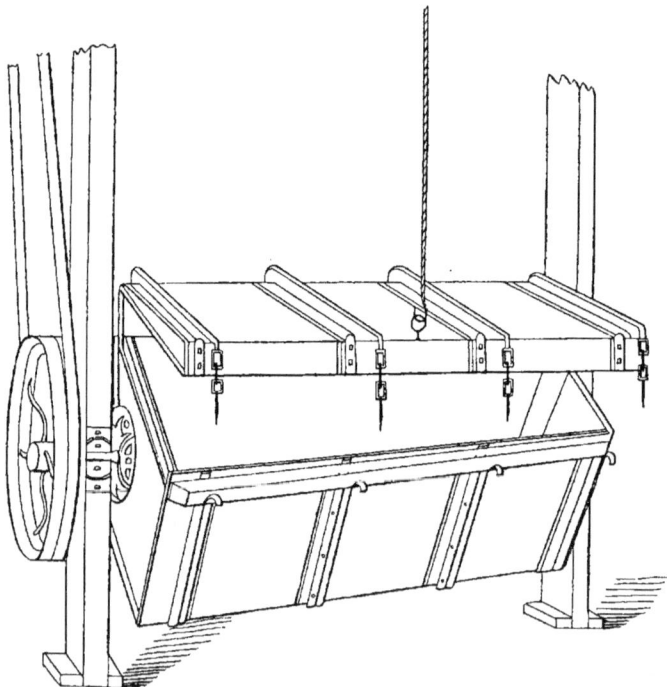

Fig. 4. — Baratte américaine.

Mentionnons pour mémoire les barattes-tonneaux de formes diverses; la forme tonneau cylindrique tournant autour d'une perpendiculaire à l'axe de la figure (l'axe de rotation est horizontal) est, au dire de certaines personnes, une des meilleures à adopter (Fisher, de Knowlton).

La baratte cubique ou prismatique est une des plus répandues en Amérique : elle consiste en un cube ou en un prisme à base carrée (fig. 4), animé à volonté d'un mouvement de rotation autour d'un axe horizontal perpendiculaire à la section carrée, parallèle aux grandes arêtes dans les barattes allongées. C'est, si l'on veut, la baratte Chapellier, si connue et si appréciée chez nous, réduite à quatre faces latérales au lieu de six.

La baratte américaine s'établit très facilement et solidement sur ce gabarit ; les planches constitutives appliquées les unes contre les autres sont serrées par des boulons ou des tiges de bois, et l'appareil est parfaitement étanche, le couvercle se logeant dans une feuillure garnie de caoutchouc.

A l'intérieur, il n'y a aucun organe, aucun batteur, l'agitation se produisant seulement par le choc de la crème contre les angles du prisme lorsque le contenu varie de forme, de section pendant le mouvement.

C'est une espèce de baratte normande, mais plus simple que cette dernière, moins coûteuse, plus facile à nettoyer, présentant comme elle les avantages et les inconvénients de l'occlusion pendant la marche ; le défaut, c'est la nécessité de l'arrêt pour constater l'état d'avancement du travail.

Ces barattes se construisent depuis les plus petites dimensions jusqu'à des capacités de 2,000 litres et plus. Dans les grandes laiteries (Prof. Barré, de la Borderie, à Saint-Albans [Vermont]), on emploie des barattes dont le côté carré est à l'extérieur de 0 m. 90 à 1 mètre et la grande longueur jusqu'à 2 mètres ou 2 m. 50.

Quelques constructeurs ont adapté à ce modèle quelques perfectionnements connus ; ils ont ajouté un tube d'aérage pour excès de pression, tube de prise d'échantillon, modérateur de vitesse, etc. En résumé, ce modèle de baratte mérite d'être introduit dans notre industrie française ; il n'éclipserait aucun des modèles existants, mais il serait aussi bon que les meilleurs, car il est d'un maniement commode et d'un nettoyage facile.

A la ferme de Landown Hill, à Hamilton (O.), nous avons remarqué une baratte qu'on nous a dit être d'origine écossaise : elle consiste en un bac rectangulaire, divisé en deux parties par une cloison verticale ; dans l'un des compartiments est un système de batteurs composé d'ailettes percées de trous, l'ensemble pouvant tourner comme une roue à palettes autour d'un axe horizontal ; l'autre compartiment est vide, il communique avec le premier par deux ouvertures placées aux extrémités opposées de la cloison et fermées à volonté par de petites trappes manœuvrées à la main. Les palettes, dans leur rotation, déterminent une circulation de la crème qui pénètre continuellement par une des portes du compartiment vide ou libre et sort par l'autre; c'est, comme on le voit, le jeu d'une pile à papier.

Lorsque le beurre est fait, on ferme presque complètement l'orifice de sortie de la crème, de sorte que le liquide peut bien encore circuler, mais que le beurre est retenu et s'accumule dans le compartiment vide dont on peut facilement l'extraire.

M. Andrews, de Dubuque (Iowa), exposait une petite baratte destinée à faire des dosages pratiques de la matière grasse contenue dans le lait ou dans la crème, tout en permettant d'isoler et de déguster un échantillon du beurre que donnera la matière première.

Les crèmes à essayer sont versées dans des tubes bouchés, remplis à moitié à peu près.

Ces tubes sont reportés dans une boîte où ils sont assujettis par des ressorts de pression.

La boîte qui en reçoit un assez grand nombre est montée sur deux glissières et animée à volonté d'un mouvement alternatif de va-et-vient.

Ce sont en somme de petites barattes, et dans chacune d'elles ou, autrement dit, dans chacun des tubes, on trouve après quelques minutes une petite pelote de beurre fabriqué. Ces barattes d'essai sont aussi faciles à imaginer qu'à construire. Nous les avons vu employer dans plusieurs laiteries d'Amérique; de temps à autre, on contrôle leurs indications par le Babcock.

IV. Malaxeurs.

Nous avons, dans cette classe, à signaler un appareil nouveau pour nous et des plus intéressants.

Le malaxeur connu sous le nom de *Fargo* se compose de deux rouleaux cannelés lisseurs, semblables à ceux qu'on emploie déjà dans le commerce des beurres en gros ou dans la fabrication de la margarine. Ce système de rouleaux donne un délaitage excellent : pour le compléter, on lui adjoint un appareil élévateur qui remonte le beurre déjà malaxé et le laisse retomber entre les lisseurs.

Les deux rouleaux fonctionnent à l'intérieur d'un grand tambour tournant d'un mouvement lent, et portant une série de palettes fixes ou articulées comme les palettes des bateaux à aubes. Ces palettes cloisonnent l'intérieur du tambour en délimitant des augets. Grâce à cette disposition, le beurre, qui est retombé au bas du tambour, est remonté par les palettes comme dans les godets d'une noria et retombe par son propre poids entre les rouleaux compresseurs.

Il n'y a donc plus de manipulations quelconques : tout le travail est automatique ; on peut prolonger le malaxage autant qu'on le veut en laissant tourner le Fargo.

Le tambour porte une ou deux larges ouvertures circulaires centrales ; il est ouvert soit d'un seul côté, soit des deux. Lorsqu'on veut interrompre le travail, on fait avancer dans la large ouverture du tambour une cuvette de bois montée sur roulettes. Le beurre, rejeté par les compresseurs, retombe dans ce vase qu'on retire quand tout le chargement s'y trouve assemblé.

Détails de construction d'un appareil moyen. — CORNISH, CURTIS AND GREENE MANUFACTURING COMPANY, constructeurs, à Fort Atkinson (Wis.). — Le tam-

Fig. 5. — Malaxeur à beurre.

bour de Fargo (fig. 5) a un diamètre de 1 m. 80, l'unique ou la double ouverture centrale, 1 m. 25. La hauteur du tambour ou son épaisseur est de o m. 6o à o m. 8o, variable suivant que les rouleaux ont leurs axes parallèles ou perpendiculaires au plat du tambour. Si les deux rouleaux sont perpendiculaires au plan de l'ouverture, il est clair que l'épaisseur du tambour doit être plus forte, pour que les rouleaux soient tout entiers logés dans son intérieur. Les mouvements du tambour et des lisseurs sont solidaires : le mouvement principal est communiqué au tambour-enveloppe qui porte, soit sur son plat, soit sur son pourtour cylindrique, une couronne d'engrenage mue par un pignon.

L'enveloppe fait seulement quatre à six tours par minute, et comme on ne peut la monter sur un axe, on la fait rouler sur des galets qui la soutiennent; le deuxième mouvement est envoyé aux lisseurs par chaîne ou par engrenages, et comme son origine est la même que celle du premier, les lisseurs ne fonctionnent que lorsque le tambour tourne. La grande ouverture dont nous avons parlé permet de voir le travail et, en avançant le chariot, de retirer le beurre au moment convenable.

Le pourtour du tambour est percé de nombreux petits trous qui laissent échapper le lait de beurre séparé et les eaux de lavage.

La disposition des palettes est de peu d'importance.

Dans le Fargo de Curtis, ces palettes sont mobiles autour d'un axe horizontal, et à chaque passage à la partie supérieure elles sont rendues libres par une butée en forme de came; elles prennent alors la position verticale du fil à plomb et ne peuvent retenir aucune parcelle de beurre.

Lisseurs. — Les deux rouleaux compresseurs sont cannelés et engrènent l'un avec l'autre: on peut les rapprocher ou les éloigner l'un de l'autre suivant le travail à accomplir.

Dans le Fargo de Saint-Hyacinthe (Québec), les deux axes des compresseurs ne restent pas toujours parallèles; on ne rapproche ou l'on n'éloigne qu'un seul des paliers des extrémités, de telle façon que les axes, quoique restant dans un même plan horizontal, arrivent à former ensemble un certain angle toujours très petit à la vérité.

Il résulte de cette disposition un étirage du beurre qui favorise le délaitage.

Dans la pratique, à l'école de Saint-Hyacinthe comme dans la laiterie de Saint-Albans, nous avons été frappé du fonctionnement remarquable de ces Fargos. Un Fargo remplace trois ou quatre malaxeurs ordinaires de même diamètre et n'exige pas de surveillance; une fois que le beurre a été placé dans l'intérieur, il n'y a qu'à laisser tourner : le travail est excellent et terminé en quatre ou cinq minutes. On peut pendant l'opération ajouter du sel ou du colorant; le délaitage et le mélangeage se font avec une surprenante facilité.

A Saint-Albans (Vt), où l'on fabrique journellement environ 10,000 kilogrammes de beurre, où l'on met en travail quatorze grandes barattes de 1,500 à 2,000 litres de capacité, tous les malaxages sont effectués avec deux Fargos seulement.

Nous avons observé qu'à Saint-Hyacinthe, où le travail est dirigé avec tant d'intelligence et de science, comme aussi à Saint-Albans et dans plusieurs autres laiteries du Canada, on n'effectue en tout qu'un seul malaxage; aussitôt après le barattage, on ajoute le sel et le colorant, on fargote quatre minutes et demie en moyenne et tout est fini. Dans quelques établissements, le beurre est immédiatement après mis en boîtes ou en barils; dans d'autres, on le laisse reprendre du corps dans une chambre maintenue à 8 ou 10 degrés, mais on ne remalaxe plus.

Le Fargo n'est pas un appareil de petite ferme, mais c'est le vrai malaxeur de l'exploitation industrielle, de la grande laiterie ou du commerce de beurres en gros.

A Chicago se trouvaient d'autres modèles de malaxeurs.

L'un d'eux, très employé en Amérique, est notre malaxeur à table inclinée vers le centre, mais avec deux rouleaux cannelés au lieu d'un. Ces deux compresseurs sont à des distances différentes de la table; le premier, le plus éloigné, commence la compression, le second la termine. Quoique commandés par la même transmission, ils restent indépendants l'un de l'autre et peuvent être indépendamment éloignés ou rapprochés de la table.

Dans la section danoise, au palais de l'Agriculture, on remarquait un gros malaxeur de forme ordinaire, mais à table de marbre blanc. Les commandes de la table et du compresseur étaient réparties de part et d'autre de la table, et l'arbre de transmission passait au-dessous dans la direction d'un diamètre. Cet appareil est très lourd; il avait été nécessaire de l'établir sur un énorme pied en fonte qui l'alourdissait encore, et nous ne voyons en aucune façon les avantages de cette pesante machine. Le marbre s'attaquera peu à peu sous l'influence du lait de beurre acide et la table n'entrera plus en contact satisfaisant avec le rouleau.

Dans un malaxeur établi à Prim Bank Hill (Alberta), le rouleau est laissé indépendant de tout mouvement : il est monté fou sur un axe de bois qui est articulé en un de ses points, et cet axe est monté sur un deuxième axe horizontal établi sur deux montants à l'extérieur de la table. En saisissant à la main l'extrémité libre de l'axe même du rouleau, on peut élever ou abaisser celui-ci à volonté, l'appuyer sur le beurre avec la force nécessaire, ou si l'on veut le fixer à demeure, par une cheville sur deux autres montants établis symétriquement à l'autre extrémité diamétrale. C'est une bonne disposition à recommander pour les petites installations; chez M. Radcliffe, son inventeur, elle donne de très satisfaisants résultats.

Mentionnons pour mémoire seulement quelques malaxeurs à main : l'appareil de M. Curtis consiste en une table triangulaire isocèle inclinée vers le sommet de l'angle compris entre les côtés égaux; la base est légèrement arrondie. Le compresseur articulé au sommet est une tige de bois façonnée en pyramide hexagonale et terminée par une poignée tenue à la main.

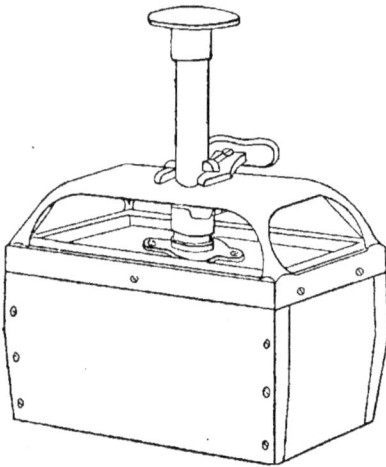

Fig. 6. — Machine à mouler.

Dans la plupart des malaxeurs américains, les rouleaux sont découpés à dents coupantes et non obtuses.

Traitement et conservation des beurres. — Le malaxage, une fois terminé, le traitement, la mise en paquets ou en tonneaux ne se font pas autrement qu'en France; on se sert seulement assez souvent de petites machines à mouler dont notre dessin (fig. 6) donne une idée suffisante.

Les tonneaux pour le transport se font en hêtre, en cèdre ou en érable; la Creamery Package Manufacturing Company, de Chicago, la Ludington Woodenware Company, de Ludington (Mich.), exposaient de jolis modèles de ces emballages.

Les seaux ou les tonneaux de bois sont mis à tremper dans la saumure avant l'usage.

On sale en Amérique, en général, presque tous les beurres et à très hautes doses.

L'Amérique est assez riche en salines, et à l'exposition on remarquait de magnifiques échantillons de produits du pays (Kansas Rock Salt V. P.;

Worcester Brand, de Hutchinson [Kansas]). Les sels de ces mines sont blancs, bien cristallisés, presque chimiquement purs.

Les exhibitions d'échantillons de sels étant par elles-mêmes peu de nature à attirer l'attention du public, un exposant de la galerie du premier étage avait eu l'idée d'installer au milieu de ses blocs de sel un piano et une pianiste. Les imprudents amateurs qui s'arrêtaient pour écouter la musique recevaient aussitôt des quantités de prospectus et de jolis petits sacs de sel blanc.

A Chicago, on s'était préoccupé des moyens de conserver longtemps les échantillons de beurre réunis au pavillon de la laiterie; on y était parvenu assez bien par l'emploi du froid. Tout autour de la salle où se faisaient les expériences devant le public, on avait disposé un promenoir et, le long des parois, des vitrines ou armoires vitrées maintenues à basse température par la circulation d'un liquide incongelable; les thermomètres indiquaient 36 à 38 degrés Fahrenheit, soit moins de 5 degrés au-dessus de zéro. La machine à glace ne fonctionnait pas d'une façon tout à fait régulière, et quelquefois la température était de 6 ou 8 degrés, malgré les matelas d'air et les doubles vitres.

Néanmoins, la conservation des échantillons a été bonne, et, conduit par M. Gilbert, j'ai pu déguster des beurres datant de plusieurs mois, encore d'un goût très franc et très agréable.

L'Amérique n'est pas jusqu'à présent un pays d'exportation de beurre : les produits qui traversent l'Atlantique pour venir en Angleterre n'ont que quelques jours de traversée à subir dans des conditions climatériques favorables, car, dans ces latitudes, la température reste assez basse.

La question de la conservation est donc moins importante et moins étudiée que chez nous, où le procédé Artus est venu donner une solution extrêmement ingénieuse de ce difficile problème.

V. Expériences sur les rendements des différentes races de vaches.

L'Exposition offrait une excellente occasion de rassembler et de comparer ensemble les rendements en lait et en produits laitiers de différentes races de vaches. Les expériences instituées dans ce but ont porté sur trois lots composés chacun de vingt-cinq vaches, choisies de race aussi pure que possible.

C'étaient des *jerseys*, *guerneseys* et *shorthorns*.

Chacun de ces animaux recevait une nourriture appropriée, et son compte ouvert dans un livre spécial était débité du prix des rations fournies.

Puis le lait était converti en beurre ou en fromage suivant le temps et les circonstances; on supposait ces produits vendus au cours du jour et l'on créditait chaque vache du résultat fictif de cette vente. Le lait de chaque vache était analysé chaque jour et séparément, sa quotité était relevée et notée, mais il est évident qu'on ne pouvait songer à le traiter séparément, les opérations eussent cessé d'être industrielles et auraient perdu dans les manipulations délicates du laboratoire le caractère véritablement pratique qu'on cherchait à leur imprimer.

Pour éviter cet écueil, on traitait d'un seul coup le lait des vingt-cinq vaches du même lot et l'on répartissait le produit proportionnellement aux quantités de matière première indiquées pour chaque animal par les pesées et l'analyse.

Ces calculs sont d'une longueur et d'une complication effrayantes; aussi les résultats n'en pourront-ils être collationnés et publiés que dans plusieurs mois.

Nous ne sommes donc en mesure aujourd'hui que d'expliquer la marche des opérations effectuées, de décrire les modes d'analyse et de donner une idée des calculs auxquels conduisent ces opérations.

Le travail à Chicago était en deux services : *opérations pratiques, opérations de laboratoire*.

1° OPÉRATIONS PRATIQUES.

Les opérations que nous pourrions appeler *industrielles* consistent à traiter séparément les produits de chacun des lots de vingt-cinq vaches et d'en préparer soit du beurre, soit du fromage.

A cet effet, on avait installé dans l'enceinte de l'Exposition une laiterie complète comprenant les appareils de beurrerie, écrémeuses, barattes carrées, malaxeur et vaisselle suffisante, cuves soit à mûrir la crème, soit à mettre en présure; les appareils étaient mis en action par l'intermédiaire d'un moteur électrique.

Lorsque c'était la beurrerie qui devait fonctionner, on faisait passer séparément à l'écrémeuse le lait pesé de chacun des lots et l'on recueillait la crème et le lait écrémé; la crème était conservée vingt-quatre heures dans le *cream-vat* et barattée par conséquent le lendemain matin seulement.

Les opérations étaient conduites à la manière ordinaire, mais toutes les matières premières aussi bien que les produits étaient pesés avec le soin le plus minutieux par le docteur Babcock qui notait lui-même tous les poids et prélevait les échantillons pour l'analyse.

Tout passait au laboratoire : le lait, le lait écrémé, la crème, le beurre et le lait de beurre.

Les échantillons du lait étaient pris à l'étable même, additionnés de bichromate de potasse, et conservés jusqu'à l'essai, grâce à cette substance, sans aucune altération.

Mais comme dans l'intervalle il se produisait une montée de la crème, il fallait user d'un artifice particulier pour préserver un échantillon représentant la moyenne composition du liquide. Dans ce but, M. Farrington avait imaginé un tube de prise assez ingénieux. Son appareil se compose d'un tube de cuivre tourné extérieurement et fermé par une rondelle plane à une de ses extrémités. Vers le bas de la partie cylindrique sont ménagées trois ou quatre ouvertures longitudinales, de simples fentes peu larges pratiquées dans le sens des génératrices.

A l'extérieur de ce premier tube, on en emmanche un second alésé intérieurement glissant à frottement presque dur sur le cylindre interne dont il peut à la volonté de l'opérateur obstruer ou non les ouvertures; ce deuxième tube porte également des ouvertures qui correspondent à celles du tube intérieur.

La prise d'échantillons se conçoit dès lors sans peine : on enfonce dans le lait les deux tubes ensemble et, donnant au tube plein une rotation d'abord dans un sens, puis ensuite en sens inverse, pour le ramener à sa position primitive, on est certain d'avoir puisé dans toutes les couches du liquide et d'avoir ensuite conservé cet échantillon moyen.

Il est évident qu'avant l'analyse il est toujours prudent et recommandé de remuer aussi bien que possible le liquide du vase et ensuite celui qu'on retire du tube de cuivre.

Les résultats des analyses effectuées par les méthodes que nous allons indiquer contrôlent les résultats industriels.

Afin de faire varier les conditions des expériences, on avait décrété l'ordre suivant pour les travaux :

Du 11 au 25 mai, on a préparé du fromage et tenu compte du fromage obtenu et du whey [1] (petit lait);

[1] Les Américains écrivent wei.

Du 31 mai au 28 août, on a préparé du beurre et tenu compte de tous les produits, lait écrémé, etc.

Du 29 août au 27 septembre, on a préparé du beurre et tenu compte du beurre seul;

Du 28 septembre au 27 octobre, on a préparé du beurre des jeunes vaches et tenu compte de tous les produits.

2° OPÉRATIONS DE LABORATOIRE.

Le docteur Babcock a su, avec beaucoup d'ingéniosité et de bonheur, perfectionner les procédés de dosage de la matière grasse par les acides, et son procédé est si commode et si exact que l'on s'en sert dans plusieurs laiteries américaines pour déterminer le prix du lait acheté et payer au taux de la matière grasse; on achète le lait à l'analyse.

Le docteur Babcock a indiqué les meilleures conditions de réussite de sa méthode, et c'était celle qui était exclusivement adoptée au laboratoire de l'Exposition.

Le procédé Babcock a été maintes fois décrit; nous le rappellerons seulement en quelques mots : le lait mesuré ou pesé est traité par une quantité proportionnelle d'acide sulfurique concentré, on fait tourner le vase après avoir mélangé les liquides, et la matière grasse, plus légère, liquéfiée par suite de la chaleur de la réaction, se rassemble et s'isole dans les parties les plus voisines de l'axe de rotation.

Entre des mains inhabiles, l'opération ne réussit pas toujours très bien, il arrive qu'il se forme dans la masse de petits flocons d'une matière noirâtre et insoluble dont la présence rend difficile ou incertaine la lecture du volume du beurre isolé; en outre, l'essai se fait mal sur des laits altérés par l'ingérence des microbes.

Il faut donc tout d'abord songer à conserver les échantillons; on y arrive en les additionnant de bichromate de potasse, ainsi que nous l'avons dit, ou de bichlorure de mercure. Ces deux corps sont d'excellents préservatifs de toute altération et avec le bichlorure de mercure en particulier, à la dose de 1 ou 2 millièmes, on peut presque indéfiniment conserver le lait sans que la coagulation se produise.

Il va sans dire qu'il faut prendre toutes précautions pour que les échantillons ainsi traités ne soient pas dégustés par erreur; le bichlorure de mercure ou sublimé corrosif surtout étant un violent poison.

Le bichromate de potasse colore de lui-même le lait en jaune foncé, mais le sublimé est incolore, et, si on l'emploie, il est prudent d'ajouter en même temps un peu d'un colorant quelconque, rouge d'aniline par exemple, pour avertir que l'on n'a plus affaire à du lait naturel.

Pour éviter la production des flocons noirâtres, il faut agir sur du lait refroidi et faire glisser l'acide sulfurique sous le lait mesuré.

Avec l'appareil Babcock, on mesure dans des flacons jaugés et gradués 17 c.^{c} 6 de lait; ce nombre correspond à 18 grammes qui est le produit de 17 c.^{c} 6 par la densité 1.032; en mesurant le volume dans les tubes gradués, on a directement par cet artifice le poids du beurre par kilogramme de lait. A Chicago, le docteur Farrington faisait exécuter les lectures de volume à 160 degrés Fahrenheit, soit à peu près à 60 degrés.

On doit employer de l'acide sulfurique, 10 centimètres cubes, à 1.82 de densité et, après avoir agité, soumettre à la rotation dans un centrifuge tournant à 600 ou 800 tours.

Après cinq minutes de séjour dans la turbine, on arrête le mouvement et l'on ajoute dans chaque tube un peu d'eau chauffée à 60 degrés jusqu'à affleurer la naissance de la graduation, on fait tourner pendant une minute, puis, dans un deuxième arrêt de mouvement, on ajoute encore de l'eau chaude en quantité suffisante pour faire monter la matière grasse dans la graduation et l'on redonne la rotation pendant une nouvelle minute de temps.

Si l'opération a été bien conduite, en suivant les indications que nous venons de donner, la matière grasse est transparente, nettement séparée et la lecture de son volume est des plus faciles.

On peut, pour animer le centrifuge, se servir d'une manivelle manœuvrée à la main, soit communiquer le mouvement par un jet de vapeur agissant dans des alvéoles ménagés sur la périphérie (Sharples), soit enfin employer une transmission mécanique par courroies et poulies ou actionner directement par dynamo.

Le docteur Farrington préfère la turbine à main, au moyen de laquelle on parvient à donner à la vitesse l'allure convenable, 600 à 700 tours par minute.

Avec le Babcock, rien ne limite le nombre des godets recevant les tubes; on a la possibilité d'effectuer un très grand nombre d'essais à la fois.

Le temps perdu dans les arrêts lorsque l'on doit ajouter l'eau chaude à deux reprises différentes n'est certes pas bien grand; cependant un constructeur, M. Sharples, a encore cherché à abréger la manipulation et a imaginé une disposition au moyen de laquelle on peut ajouter l'eau chaude pendant la rotation.

A cet effet, le mélange d'acide et de lait est effectué dans un tube bouché droit portant un épaulement ou un étranglement circulaire à la moitié de sa hauteur environ; sur cet épaulement vient s'appuyer un petit tube droit, évasé en entonnoir à ses deux extrémités. Ce petit tube intérieur est gradué et sa longueur totale dépasse de quelques millimètres le bord supérieur du tube droit sur l'épaulement duquel il repose par sa partie évasée.

Grâce à cette disposition spéciale, on conçoit que si l'on verse de l'eau chaude dans le tube extérieur, celle-ci va faire monter par équilibre la matière grasse dans le tube gradué central, et que cependant jamais cette matière ne pourra s'échapper parce que son niveau maximum correspondra, suivant les densités, au niveau du tube extérieur supposé complètement rempli.

Rien de plus facile maintenant que de se rendre compte du perfectionnement annoncé et résultant de cette disposition : l'eau chaude est distribuée à volonté dans la turbine par un petit tube dont l'orifice est à une distance de l'axe de rotation comprise entre les distances du tube extérieur à eau et du tube interne à beurre. Par conséquent, il devient possible de remplir le tube extérieur avec de l'eau chaude sans jamais qu'il en pénètre dans le tube du milieu.

L'excès d'eau chaude s'écoule par l'enveloppe de l'appareil; cette disposition Sharples présente plusieurs autres avantages : le beurre est maintenu liquide par son bain-marie et autre facilité, son point d'affleurement supérieur est toujours le même, ce qui évite des erreurs de lecture.

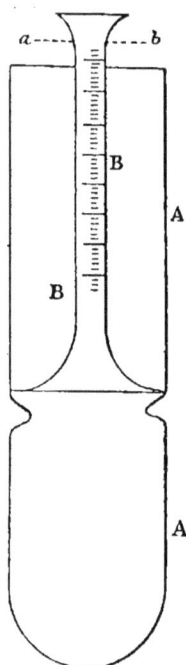

Fig. 7. — Procédé Babcock. — Disposition pour remplir les tubes avec de l'eau chaude, pendant la rotation même de l'appareil.

La partie AA est un tube à épaulement. — BB est un tube à double entonnoir gradué dans la partie qui est destinée à recevoir la matière grasse. Celle-ci parvient toujours à un même niveau de repère *ab*.

Nous avons dit que ces turbines à alvéoles faisaient office de ventilateur et par conséquent la température des échantillons ne s'élève pas trop.

Au laboratoire, on ne se servait pas de ce Sharples, mais du Babcock ordinaire.

Après avoir déterminé la matière grasse, on dosait l'eau et les cendres du lait, puis on déterminait le résidu sec à l'aide de tables, en tenant compte de la densité prise au lactomètre.

Tous les résultats étaient notés dans des tableaux conformes au modèle ci-dessous.

NOM DE LA RACE.	NUMÉRO de L'ÉCHAN-TILLON.	DATE de LA TRAITE.	POUR CENT de MATIÈRES GRASSES.	LACTO-MÈTRE.	TEMPÉRA-TURE.	RÉSIDU SEC sans LE BEURRE.

Le lait était donc connu dans tous ses détails; il fallait analyser le beurre; les dosages portaient sur l'eau, la matière grasse, le sel et la caséine. L'eau était dosée comme d'habitude à l'étuve chaude et par pesées, puis on reprenait le contenu de la capsule de platine par un dissolvant; celui qui était employé à l'Exposition était la benzine.

La dissolution de matière grasse dans la benzine était trouble, car elle contenait en suspension le sel et la caséine du petit lait.

M. Farrington faisait préparer d'avance de petits creusets-filtres (creusets de Gooch) : ce sont des creusets de porcelaine dont le fond est criblé de très petits trous; on verse dans ces creusets quelques gouttes d'une bouillie d'amiante dans l'eau, puis on place le creuset sur une sucette en caoutchouc dans laquelle le vide est fait par une trompe. L'eau s'écoule, et il reste sur le fond du creuset un feutrage d'amiante qui, ainsi étendu au-dessus des trous, constitue une excellente matière filtrante.

En Allemagne, on prépare des filtres d'amiante en soumettant les bouillies à des congélations et à des ébullitions successives et répétées.

C'est sur le filtre placé sur la sucette que l'on verse la dissolution boueuse dont la partie liquide disparaît par l'aspiration.

Le résidu est lavé, à plusieurs reprises, à la benzine et finalement séché. Connaissant par avance le poids du petit creuset-filtre, on déduit par soustraction l'ensemble des poids du sel et de la caséine.

Puis on porte le creuset dans un four à moufle modérément chauffé pour éviter la volatilisation du chlorure de sodium. Sous l'influence de la chaleur, la caséine se brûle et disparaît; sa proportion est donnée par la différence des pesées avant et après la calcination.

Ces opérations, dirigées simultanément par le docteur Babcock, à la laiterie, et le docteur Farrington, au laboratoire, conduiront à des résultats dont l'ensemble ne sera publié que bien plus tard.

Cependant, dès à présent, un point se dégage d'une façon assez nette pour que l'observation ait pu m'être communiquée.

Dans le travail fait à l'Exposition de Chicago, travail conduit par des ouvriers spéciaux et habiles, continuellement surveillés, la perte en beurre, dans les opérations successives, est d'environ 2 p. 100 sur ce qu'indique l'analyse.

En laiterie industrielle ordinaire, cette perte est toujours plus considérable et rarement moindre de 5 p. 100.

Que conclura-t-on de tous ces essais lorsque les opérations seront terminées? Établira-t-on une classification des vaches, assignant un rang définitif à chacune des races? Nous ne le croyons pas. Il est parfaitement certain que les trois races de vaches ont bien été placées, nourries, étudiées et traitées dans des conditions identiques, mais il n'est pas évident du tout qu'elles se soient toutes les trois trouvées également bien de leur commun régime : le climat, la nourriture, les conditions générales en un mot pouvaient être appropriées à l'une des races plutôt qu'à l'autre, et les conclusions devront être émises avec une grande prudence.

On avait trouvé, par exemple, lors de mon passage à Chicago, que dans les trente derniers jours d'observation les moyennes des analyses donnaient en matière grasse :

$$
\text{Race} \begin{cases} \text{Jersey} & \text{.................................} & 4.8 \ \text{p. 100.} \\ \text{Guernesey} & \text{.............................} & 4.6 \\ \text{Shorthorn} & \text{..............................} & 3.6 \end{cases}
$$

Ce classement, d'après les observations qui précèdent, n'est pas à considérer comme absolu et définitif.

Nous avons vu souvent en France et en Angleterre des jerseys donner plus de 6 p. 100 de beurre en industrie, et au Manitoba (Canada), des croisements mal définis de guerneseys, shorthorns et race canadienne (?) ont fourni jusqu'à 6.67 p. 100 de beurre (laiterie de la Borderie, octobre 1892).

On avait aussi, à Chicago, fait un relevé d'une fabrication de fromage « Cheddar », d'après le lait fourni en quinze jours par vingt-cinq vaches :

		LAIT en livres.	FROMAGE en livres.	VALEUR en dollars.
	Jersey	13,290	1,451	193,98
Race	Guernesey	10,938	1,130	135,92
	Shorthorn.............	12,186	1,077	140,14

Le prix avait été décerné à une vache jersey de l'État de New-York.

Complétons ce chapitre par la description de quelques procédés d'analyse présentés par différents exposants.

Dans les collections des stations agronomiques de l'Amérique, on rencontrait quelques appareils plus ou moins imités de Babcock et employant des acides chlorhydrique, acétique, etc., purs ou mélangés, parfois additionnés d'alcool amylique.

Ce sont les procédés de Patrick, de Failyer et Willard, de Beimling. Malheureusement, le préposé à cette exposition n'était pas d'un abord des plus faciles, et, malgré le bienveillant appui de M. Atwater, il m'a été pour ainsi dire impossible de recueillir des observations ou des renseignements.

Il est inutile de rappeler la description du contrôleur de Fjord. M. Poul Roed, dans la section danoise, exposait un contrôleur inventé par Augustenborg et Hansens et imitant beaucoup le contrôleur du docteur danois.

Le contrôleur Poul Roed est établi dans une turbine spéciale constituée, comme celle de Babcock ou de Fjord, par des godets articulés autour d'un axe. Les tubes pour essayer le lait sont placés dans les godets, et le tout est recouvert d'un vase rempli d'eau chaude. La turbine tourne à 3,000 tours; l'essai est terminé en vingt minutes.

On fait les lectures de la couche de crème au moyen d'un cylindre auxiliaire enveloppe relié par une crémaillère et un pignon à un cadran indicateur.

La lecture au moyen de cet artifice se fait sur le cadran et avec très peu de chances d'erreur.

Cet appareil, un peu enfantin, reste fort au-dessous du contrôleur américain, et son prix, 500 francs, me paraît bien élevé.

VI. Fabrication du beurre au moyen du lait.

Séparateur des États-Unis : Vermont Farm Machine Company, de Bellows Falls (Vt). — Cet appareil, déjà connu en France sous le nom d'*extracteur,*

est une turbine dans laquelle la crème est barattée aussitôt après sa séparation. L'outil de barattage est réellement simple et sa disposition est ingénieuse : c'est une petite lanterne, autrement dit deux disques réunis par des
barreaux, montée folle sur un axe vertical. Le système est introduit un peu
excentré par rapport au cylindre formé par la crème pendant la rotation et
on l'amène à toucher cette crème. Sous l'influence de l'obstacle, la lanterne
prend un mouvement de rotation et fouette la crème, elle la baratte. Le
mouvement de décentrage de la lanterne est obtenu par l'intermédiaire
d'un levier qu'on fixe ensuite à demeure par un écrou ; l'axe de la lanterne
est immobilisé ; le beurre fabriqué apparaît sous forme de petits grains qui
sont éliminés par la périphérie.

L'appareil exposé à Chicago était d'une beauté resplendissante, mais ne
marchait pas ; chez le constructeur auquel j'ai rendu visite, même immobilité de quelques beaux spécimens de construction mécanique : il fallait,
m'a-t-on dit, faire un voyage nouveau pour voir fonctionner cet appareil
dans une laiterie qui l'emploie couramment.

Les doutes que j'avais auparavant sur la valeur de ce séparateur sont
donc loin d'être dissipés et ils sont partagés par plusieurs éminents professeurs du continent américain.

Le barattage dans l'écrémeuse n'est pas difficile ; il existe plusieurs procédés pour l'effectuer : par exemple, le procédé Jacobsen, dans lequel la
crème est barattée dans un espace spécial après avoir été séparée du lait et
le beurre lavé ensuite dans cette petite baratte particulière.

J'ai indiqué moi-même un autre procédé assez curieux qui consiste à
utiliser le courant d'air produit par la turbine pour effectuer ce barattage.
Mais le grand obstacle à l'emploi de ces méthodes gît dans le rendement
en beurre et la qualité du produit qui restent au-dessous de ce que l'on
obtient par les méthodes habituelles.

Fera-t-on mieux dans cette voie du barattage direct ? La chose est possible, mais il convient d'attendre de nouvelles études de ces appareils
encore trop nouveaux. Jusqu'à présent, ils présentent presque les mêmes
inconvénients, les mêmes écueils que le barattage direct du lait.

III

FROMAGERIE.

————

Fromagerie. — Il n'y a à peu près qu'une seule espèce de fromage fabriqué aux États-Unis et au Canada, c'est le « cheddar » qui fait l'objet d'un commerce énorme avec l'Angleterre. Pour apprécier les mérites des appareils exposés, il fallait connaître à fond la fabrication de ce cheddar; je vais la rappeler en la résumant.

Le cheddar est un fromage sec fabriqué de caillé dur; il est de la famille du hollande, du cantal, du chester. La mise en présure se fait à 30 degrés et la prise dure une demi-heure au plus; on rompt le caillé et l'on réchauffe la masse jusqu'à 36 degrés. Il se produit une fermentation par des anaérobies et, après deux heures ou deux heures et demie, une petite boule de caillé appliquée contre un fer chaud et éloignée ensuite donne naissance par adhérence, à des fils qui s'étirent comme les fils du macaroni, puis se rompent lorsque la distance du caillé à la barre chaude augmente. Dans la première preuve, la fermentation du caillé est considérée comme suffisante quand les fils ont 0 m. 003 ou 0 m. 004 de longueur; alors on écoule le whey, on relève le caillé et après deux nouvelles heures environ, on procède à une deuxième épreuve au fer chaud.

La fermentation a marché dans l'intervalle à ces températures si favorables, les fils d'étirage ont maintenant 0 m. 02 à 0 m. 03.

Ce point atteint, le caillé qui s'était soudé et aggloméré est recoupé, puis passé au moulin : ensuite on ajoute le sel, on moule et l'on met en presse. Les appareils de cette fabrication comprennent donc des cuves de mise en présure, outils de rompage, cuves à égoutter, moulins à caillé, moules et presses. Mais, avant tout, une première question s'impose. Quels doivent être les qualités et l'état de la matière première, du lait, pour une bonne fabrication ?

Chaque fabrication exige en effet un lait dans un état particulier d'avancement.

Dans la fabrication du beurre, celle des fromages cuits, du lait condensé, les laits les plus récents, les moins acides sont préférés, alors que pour le camembert ou le cheddar une certaine acidité, loin d'être nuisible, est au contraire recherchée des praticiens.

Pour le cheddar, il se présente en outre une exigence toute spéciale : pour une bonne fabrication, le lait doit être sans odeur. On parvient à le débarrasser de son arome naturel ou acquis par une aération qui fait disparaître le goût d'étable, l'odeur d'animal ou de fumier qu'on retrouverait dans le fromage fait.

L'aération serait pour nos fabricants indigènes d'un déplorable effet; elle aurait pour résultat d'apporter dans le lait un nombre incalculable de germes et d'augmenter les causes d'instabilité du liquide ou de ses produits; pour le cheddar elle contribue à hâter l'acidification du lait et son influence est salutaire.

Les appareils destinés à produire l'aération sont en général assez simples et, en tous cas, faciles à imaginer.

Dans plusieurs laiteries du Canada, à l'école de Guelph dans le North Dakota, on emploie, pour aérer le lait, un appareil composé d'une suite de troncs de cône disposés les uns au-dessus des autres, la pente tantôt vers le centre, tantôt vers les bords; le lait est envoyé à couler sur la surface convexe d'un des cônes; réparti en nappe, il retombe par la périphérie sur la surface concave du cône suivant qui fait rassembler au centre tout le liquide. La même manœuvre se reproduit sur les cônes suivants. Le lait, coulé chaud, aussitôt après la traite, sur ce système d'entonnoirs directs ou inverses, se refroidit en déterminant l'établissement d'un courant d'air qui circule en léchant le liquide en sens inverse de la chute, c'est-à-dire de bas en haut.

A l'Exposition, on voyait une autre disposition d'invention canadienne : le lait coulé dans un grand vase cylindrique était rafraîchi par le jeu d'un petit ventilateur placé au-dessus, mais très près de sa surface et animé d'un mouvement de rotation par un poids et une série d'engrenages. Le refroidissement produit des remous incessants et le lait s'aère en même temps que sa température baisse de plus en plus.

A côté de cet appareil probablement insuffisant dans son action, s'en voyait un autre présentant peut-être le défaut contraire, celui d'une trop grande activité.

L'appareil de Joseph Dower est, à proprement parler, un tarare; le lait remplace le blé, il tombe en nappe verticale devant un rapide courant d'air qui le traverse.

Comme dans le tarare à blé, le courant d'air est produit par un ventilateur à ailes de bois, manœuvré à la main par une manivelle. L'inventeur dit que toute odeur animale ou autre disparaît par l'emploi de son
appareil, et nous le croyons sans peine, car la ventilation et même la pulvérisation du liquide peuvent être extrêmement poussées dans ce jeu des deux
courants rectangulaires.

Cuves à mise en présure, Cheese Vat. — Ces cuves à emprésurer sont ordinairement, en Amérique, construites en bois, doublées de tôle étamée.
Il est bon d'ajouter une nouvelle bâche métallique interne afin d'être à
même d'établir un bain-marie dans l'intervalle ou de chauffer par un courant de vapeur.

On agit sur de fortes quantités de lait à la fois; les cuves contiennent
1,000 ou 2,000 litres et plus, le travail sur de grandes masses étant na-
turellement plus régulier. Les cuves exposées ne présentaient dans leur
construction ni disposition spéciale, ni perfectionnement sur les modèles
connus.

Je n'insisterai pas davantage sur la disposition des couteaux ou des lyres
qui servent à rompre le caillé, mais les appareils d'égouttage ou d'élimi-
nation du whey vont nous offrir quelques particularités intéressantes.

Ordinairement, pour séparer le whey, on se contente d'incliner la cuve
dans un sens et de relever à la main le caillé dans la partie la plus élevée.
A l'école de Guelph, on voit dans la laiterie une cuve dans laquelle on
place des claies recouvertes de toiles, c'est sur cette surface filtrante que
l'on accumule le caillé. La cuve est recouverte d'une enveloppe afin de bien
conserver la chaleur : cette disposition est à recommander et nous l'avons
du reste déjà remarquée en Angleterre. Il est absolument nécessaire de débarrasser complètement le coagulum de tout le liquide emprisonné : l'é-
gouttage n'est pas suffisant, et après la fermentation il faut redécouper la
masse qui s'est agglomérée et soudée en bloc. On emploie à cet effet des
moulins dont la disposition rappelle celle des coupe-racines.

L'appareil usité dans presque toutes les fromageries se compose d'une
roue de tôle étamée, découpée en fentes suivant six ou huit rayons et portant dans ces ouvertures une série de petites lames saillantes. Elles peuvent
être constituées par la tôle elle-même simplement relevée. Ce coupe-caillé
tourne devant un entonnoir ou une trémie chargée des blocs à détailler; la
manœuvre se fait par une manivelle directement conduite à la main.

Cet appareil se pose sans aucune autre précaution au-dessus de la cuve à fromage dans laquelle on vient d'opérer.

A l'école de Guelph existe, dans la salle de travail, une machine à découper le caillé, basée sur un principe tout différent : l'appareil en question rappelle le canon à vermicelle ou le canon breton à purifier les beurres ; il se compose d'une boîte carrée dont le fond est formé par un quadrillé de tôle coupante, ou autrement dit un gaufrage, dont les côtés sont en tôle et dont les carrés sont vides au centre. Le caillé est jeté dans cette boîte et, sous l'influence de la compression d'un piston manœuvré par l'intermédiaire d'un levier et d'une poignée, il s'écoule par les ouvertures de la grille sous forme de longs prismes droits à section carrée.

C'est en somme très simple, mais l'appareil est un peu plus sujet à se déranger que le moulin ordinaire.

En tout cas, l'emploi de l'une ou l'autre de ces machines ou de machines analogues me paraît bien préférable à l'usage du couteau à main adopté par la plupart des fromagers d'Angleterre ; le découpage doit en effet se faire rapidement et sans que le caillé puisse trop se refroidir. Le caillé n'est bon que quand on a saisi le moment précis de sa maturation convenable ; si les opérations tardent trop à se terminer, la matière se détériore ; il ne faut pas perdre de vue qu'elle est le siège d'une fermentation très active et qu'elle change de propriétés et de nature en de courts espaces de temps à ces températures tièdes qui sont si éminemment favorables à la vie et au développement des organismes.

Travail du caillé. — La pression des pains demande des soins particuliers ; il faut qu'elle soit énergique et régulière, et ces conditions ne sont que très imparfaitement remplies dans l'emploi des presses à vis ordinairement adoptées.

Lorsque l'on a serré suffisamment une presse à vis, il est évident que la pression inconnue ou difficilement appréciable à l'origine va en diminuant à mesure que le volume de l'objet comprimé diminue lui-même. On en est réduit, pour pallier ce dernier inconvénient, à venir de temps à autre redonner aux vis des presses quelques fractions de tour que l'habitude seule de l'ouvrier permet de déterminer à peu près et de pondérer. C'est cependant ce système défectueux que l'on rencontre presque partout, c'est le principe ordinaire des presses verticales, ne servant que pour un pain à la fois comme celui des presses horizontales dites *presses américaines*, plus rapides mais moins sûres, et dans lesquelles on peut comprimer six, huit pains ou même plus, dans une seule opération.

M. Barber a présenté une presse horizontale, au moyen de laquelle on peut exercer une pression constante représentée par le poids de la presse elle-même.

Au moyen d'un jeu de leviers, on soulève la presse tout entière lorsque la pression dépasse une certaine limite; tant que la presse reste au-dessus du sol, elle agit par son poids, et c'est ce poids constant qui comprime les pains. Le jeu des leviers paraît au premier abord assez difficile à comprendre : la presse est construite dans l'intérieur d'un solide bâti de bois, disposé comme celui des presses habituelles; mais sur chaque pied de la presse se trouve une crémaillère libre de glisser parallèlement à ce pied; elle engrène avec un pignon dont l'axe est fixé au bâti.

Les choses étant ainsi disposées, on conçoit que si, par un moyen quelconque, on fait glisser la crémaillère, la position de celle-ci se modifie par rapport à celle du pied, à cause de la solidarité de ce dernier avec le pignon. Il arrive alors que, si la crémaillère est sollicitée à se mouvoir de haut en bas, le bâti finit par se soulever et repose sur les extrémités des crémaillères. Si, par l'intermédiaire habituel d'une vis de compression montée comme une vis de pressoir, on a comprimé les objets ou les substances à traiter au delà d'un certain maximum, le bâti se soulève, il pèse de tout son poids sur l'objet à comprimer, et le suit dans son mouvement de diminution de volume jusqu'à ce que les pieds de la presse touchent de nouveau le sol.

Ce point établi et, en ayant le croquis ci-après (fig. 8) sous les yeux, on arrive à saisir l'ensemble des organes de transmission : si la distance entre deux points choisis de la presse vient à varier, c'est-à-dire si l'on fait en sorte qu'en face d'un de ses points fixes on place un sommier mobile correspondant à la crémaillère, la compression agira sur ce dernier organe et en fera varier la position relativement à celle du pied.

Les deux crémaillères, du même côté de la presse, sont rendues solidaires par l'intermédiaire d'une tige de fer de 12 millimètres environ de diamètre, qui transmet intégralement la pression reçue et la répartit. Tous ces mouvements étaient rendus plus apparents que dans la grande presse elle-même dans un petit modèle construit à l'échelle d'un douzième environ et exposé dans la section de Hansen (présure).

Lorsque, après une compression suffisante sur un objet quelconque, on avait soulevé le bâti, on pouvait reconnaître toute l'élasticité du système en appuyant avec la main sur la presse élevée de quelques centimètres au-dessus du plan de son support.

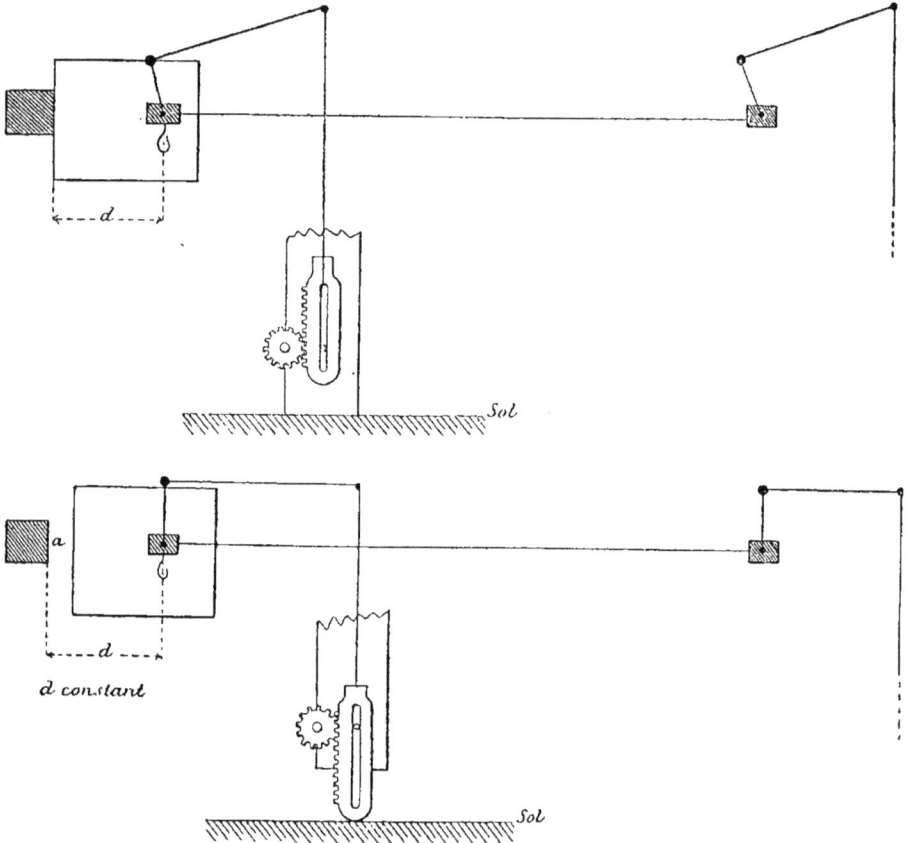

Fig. 8. — Presse horizontale Barber.

En résumé, ce système, tout ingénieux qu'il soit, est-il nouveau et sa-tisfaisant? A rigoureusement parler, on peut répondre non. Ce n'est au bout du compte qu'une imitation de la presse verticale anglaise bien connue de tout le monde.

On sait que dans cette presse, lorsque la vis est arrivée à serrer à bloc l'objet à comprimer, le volant dont on continue le mouvement à la main soulève alors son propre écrou articulé en un point d'un levier. Le point d'appui du levier est fixe et pris sur le bâti de la presse; le levier lui-même peut être chargé d'un poids plus ou moins lourd ou d'un poids constant mobile sur la tige et dont le mouvement est augmenté à volonté.

Ce n'est encore en fin de compte que le principe de la presse à vis pour gruyère si usitée dans l'Emmenthal. Si donc, dans la presse Barber, la disposition et la combinaison des renvois de mouvement prouvent en faveur du talent de mécanicien de l'inventeur, on voit qu'en somme l'idée n'est pas neuve absolument.

Mais une autre préoccupation doit nous arrêter : la pression atteint-elle bien la valeur désirée et nécessaire? Elle est facile à évaluer, cette pression, elle est égale à très peu près au poids de la presse elle-même et ce poids est constant. Mais est-il approprié? Il peut être ou trop fort ou trop faible, et il est certain cependant qu'on ne modifiera jamais le poids de la presse elle-même qui est un facteur de la construction : on ne consentira jamais à mettre des ferrures ou des bois différents de ceux que la théorie indique; l'appareil serait peut-être insuffisamment solide ou d'autre part disgracieux et trop coûteux à cause de ses formes massives.

Si la pression est insuffisante, on l'augmente à la rigueur en chargeant la presse avec des poids; c'est le seul moyen dont on dispose avec ce système de presse à leviers.

Un gros facteur de son emploi serait évidemment son prix s'il était suffisamment bas, mais les renseignements nous manquent sur ce point : nous avons peine à croire que cette presse, qui est encore assez compliquée, ne soit pas beaucoup plus coûteuse que le modèle suivant :

Presse de l'école de Guelph. — A Guelph (N. D.), la presse horizontale exposée dans la salle de la fromagerie porte un régulateur de pression qui est un simple ressort placé entre la butée et la première forme.

Ce ressort se comprime sous l'influence de la vis et, en se détendant, suit les pains dans leur diminution de volume.

Il empêche, à l'origine, la pression d'être brusquement trop forte; il la maintient pendant le travail; il est cependant à remarquer qu'elle n'est pas tout à fait constante.

Ce petit artifice du ressort serait très utilement employé dans les presses verticales à un seul pain regardées à juste titre comme les meilleures.

Si je me suis arrêté un moment sur cette fabrication du cheddar, c'est que, comme je le disais au commencement de ce rapport, j'estime qu'elle pourrait être introduite en France avec grand avantage pour remplacer, lorsque les circonstances le permettront, la fabrication souvent malpropre et irrégulière du fromage du Cantal. Alors que l'on met trois ou quatre jours avant de porter le cantal à la pression, on n'emploie que six à huit heures pour le cheddar. L'administration française, si soigneuse des intérêts qui lui sont confiés, a déjà fait étudier cette fabrication en Angleterre en vue de l'introduire plus tard dans notre industrie indigène.

Nous possédons, grâce aux travaux des professeurs de laiterie des États-Unis et du Canada, des études nombreuses et des renseignements bien précieux sur cette préparation du cheddar, et nos industriels, nos fromagers du Centre, tireraient sans nul doute un profit réel à présenter ces produits perfectionnés au marché considérable du bassin de la Méditerranée et en particulier du sud de la France, de l'Algérie et de l'Espagne.

Au Canada, où la fabrication est florissante et extrêmement bien dirigée par ces hommes émérites qui ont nom : Taché, Robertson, Chappais, Dean, Castel, etc., on en est arrivé à se faire un jeu des difficultés.

Comme exemple, on avait envoyé à l'Exposition un fromage monstre pesant 22,000 livres; on avait entouré ce colosse d'une enveloppe de bois, et grâce à un petit escalier tournant, on pouvait monter et aller admirer la face supérieure de cette merveille (dit le prospectus) de l'industrie des produits du lait.

Ce fromage résulte de la traite de 10,000 vaches, opération à laquelle ont participé 1,666 ouvriers ou filles de ferme. Le *Jumbo* des fromages a été acheté par M. Lipton, négociant à Londres.

IV

BEURRES ET FROMAGES.

———

Beurres et fromages. — Je ne me trouvai pas à Chicago au moment des expositions temporaires instituées à la laiterie. Elles présentent du reste peu d'intérêt en ce sens que les produits exposés sont peu variés : c'est du beurre et du cheddar, les autres fabrications ne restant toujours qu'en infime minorité.

Il y avait bien une exposition permanente de quelques beurres dans les armoires à froid du rez-de-chaussée de la laiterie et de produits divers au premier étage, mais l'espace était grand et les exposants bien clairsemés.

Les beurres du Vermont, de l'État de New-York étaient en général assez bons ; ils comptent, avec les produits du Wisconsin, parmi les meilleurs aux États-Unis ; mais quelques fermiers avaient eu l'idée bizarre de confectionner avec ces matières plastiques des bouquets de fleurs ou des objets variés. Ces sculptures sur beurre ont quelque chose de désagréable : on n'en voit pas le but et l'on frémit à l'idée des manipulations qu'elles ont dû coûter.

Au premier étage, la plus belle exposition était sans contredit celle de MM. BRETEL FRÈRES, de Valognes (Manche) ; dans une élégante vitrine, ces messieurs présentaient toute la série de leurs emballages : petits tonneaux de bois, boîtes de fer-blanc aux étiquettes multicolores, le tout très artistement arrangé.

Çà et là, ensuite quelques tables peu chargées ou des vitrines vides.

MM. LAMING et FILS, de Rotterdam (Hollande), annonçaient, par des pancartes posées au-dessus d'un joli buffet, qu'ils exposaient de la margarine et du fromage. Il n'y avait absolument rien.

M. COSTARD, excellent fabricant français, de Saint-Martin-de-la-Lieue (Calvados), avait envoyé des camemberts ; ces fromages faisaient assez piteuse figure sur une trop modeste table de bois blanc ; il est fâcheux que ce produit si délicat et si renommé de notre industrie française n'ait pas été présenté en boîtes propres et dans un arrangement meilleur. L'exposant n'était pas coupable de cette négligence et il en devenait victime; ses intérêts étaient mal représentés.

L'exposition des Caves de Roquefort était mieux réussie; la fabrication de la Société est connue et appréciée des Américains.

Une pancarte du Wisconsin annonce que dans cet État on fabrique, ou l'on a fabriqué, en 1892 :

Fromage dit *Suisse Emmenthal*.................... 10,000,000 livres.
Fromage Brick et Limburg.................... 11,000,000

Il n'y avait que la pancarte.

Présures et colorants. — Il est bien difficile, dans une exposition, de juger ces sortes de produits, on ne peut les essayer et l'on n'a que des renseignements un peu sujets à caution sur l'importance des maisons qui les ont préparés.

J'ai vu de très jolis étalages de Thatcher, de Potsdam (N. Y.), qui a breveté des colorants pour beurres, et surtout de la grande maison Hansen qui possède en Amérique d'importantes usines à Little Falls (N. Y.); le colorant et la présure Hansen sont universellement connus.

Dans la section suédoise, M. Barnekow, de Malmö, exposait également des échantillons de présure. Dans la section danoise, une exposition de Philp Haymann.

Bibliographie. — *Enseignement de la laiterie.* — Un seul exposant de livres et journaux, la grande maison Heinsius, de Brême, qui publie depuis si longtemps le journal *Milch Zeitung*. Cette maison Heinsius a la spécialité des publications laitières et elle édite une grande partie des œuvres des savants allemands.

Enseignement. — Il est à regretter que les stations américaines, pas plus que les écoles du Canada, n'aient jugé à propos d'exposer avec plus de détails, plus de mise en scène, des notes et des résultats, des photographies. Il est certain que toutes ces monographies isolées, enfermées restent toujours assez pâles et d'une appréciation difficile, e tqu'elles donnent souvent une idée insuffisante ou incomplète de l'étendue et de la valeur des travaux accomplis.

Et cependant, en visitant les stations expérimentales, les écoles de

Guelph (N. D.) et de Saint-Hyacinthe (Québec), on ressent amèrement le regret de ne pas les avoir vues figurer avec plus d'éclat à Chicago.

A Guelph en particulier, l'organisation de l'enseignement de la laiterie est vraiment remarquable. Il y a deux amphithéâtres pour les auditeurs, et à chacun d'eux attient une grande salle. Cette pièce est séparée de la première où se trouve le public, par un rideau ou un paravent mobile, une cloison glissant sur des rails de fer.

Dans chacune de ces salles sont les appareils correspondant à l'enseignement : un des amphithéâtres et sa salle sont destinés à la beurrerie, l'autre système est réservé à la fabrication du fromage.

Toutes les fabrications sont faites sous les yeux des élèves et dans de vrais appareils industriels conduits par un habile ouvrier spécial.

Il y a dans ces salles, transmissions de mouvement, tuyaux de vapeur et d'eau : on traite industriellement le lait de la ferme et la fabrication des produits; la vue des appareils suit et complète la démonstration du professeur.

Après avoir traité un sujet dans le cours, le professeur fait ouvrir la cloison qui se trouve derrière lui et passe immédiatement à l'application pratique : on exécute sous les yeux des élèves la manipulation qui vient d'être décrite au tableau.

C'est également en voyageant dans le Canada que j'ai pu remarquer l'organisation de l'inspection des laiteries par des professeurs qui visitent les établissements deux ou trois fois par an et donnent aux fabricants des conseils utiles et désintéressés.

Ce serait sortir du cadre de ce rapport que de s'étendre sur ce sujet et, d'ailleurs, il est difficile de prévoir si cette organisation aurait chez nous chance de succès : nos fabricants français n'aiment pas à laisser voir leurs laiteries; ils ont souvent, et à leur détriment, à mon avis, un peu trop d'amour-propre d'auteur; ils ne veulent pas faire connaître leurs procédés, leurs petits secrets, et écouteraient plus difficilement que les Canadiens les paroles du maître.

TABLE DES MATIÈRES.

———————

COMMISSARIAT SPÉCIAL DE L'AGRICULTURE

COMITÉ 3

Les Machines et Instruments agricoles à l'Exposition de Chicago

RAPPORT DE M. RINGELMANN

PROFESSEUR À L'ÉCOLE NATIONALE DE GRIGNON
DIRECTEUR DE LA STATION D'ESSAIS DE MACHINES AGRICOLES

COMMISSAIRE RAPPORTEUR

IMPRIMERIE NATIONALE.

LES

MACHINES ET INSTRUMENTS AGRICOLES
À L'EXPOSITION DE CHICAGO.

En acceptant la mission qui m'a été confiée, je me suis fait un devoir de rechercher, non seulement dans les galeries de l'Exposition, mais aussi dans la construction et dans les exploitations agricoles, les différentes conditions économiques de l'emploi des machines aux États-Unis d'Amérique, afin que ces documents puissent servir à l'industrie des machines agricoles et à l'agriculture nationales.

Avant d'examiner les machines, j'ai cru utile de donner dans une introduction un aperçu général de la fabrication, de la vente et de l'emploi des machines américaines qui jouissent d'une si bonne réputation.

Pour ce qui concerne la description, je laisserai de côté ou je traiterai succinctement les machines peu importantes, ou celles qui sont d'un usage courant chez nous, tandis qu'au contraire je m'arrêterai plus longuement sur celles qui me paraissent intéressantes, soit pour la France, soit pour nos cultures coloniales.

Au lieu de faire une description de toutes les machines exposées, je ne prendrai dans chaque groupe de machines que quelques modèles intéressants qui me permettront de fixer ainsi les caractères de ce groupe.

Enfin j'ai limité ce rapport aux machines américaines (États de l'Union et Dominion of Canada). En effet, à cause de sa proximité de Chicago, le Canada était bien représenté à l'Exposition, et il était à prévoir que les pays européens auraient des exhibitions restreintes, dont l'examen ne peut donner aucune idée des machines construites et en usage dans ces pays (France, Allemagne et Russie).

INTRODUCTION.

Depuis une quarantaine d'années, les machines américaines ont toujours préoccupé l'esprit du public en Europe; depuis l'Exposition de Londres, en 1851, où figuraient les moissonneuses de Hussey et de Mac Cormick, les Américains ont toujours envoyé, à chaque exposition internationale, quelques modèles qui excitaient l'attention.

A son origine, le peuple américain a été constitué par des hommes de différentes nationalités; mais, par une sélection naturelle, ces hommes étaient les plus entreprenants et les plus actifs; c'étaient en définitive des *risque-tout,* pour la bonne raison qu'ils n'avaient rien à perdre; il fallait être doué d'une grande énergie pour affronter la longue traversée de l'Océan qui ne s'effectuait pas sans danger à cette époque; débarquant parmi des populations indigènes hostiles à la race blanche, dépourvus de ces nombreux accessoires nécessaires et indispensables à la vie des Européens, les premiers Américains ont été conduits par la marche naturelle des choses à une gymnastique fonctionnelle de leur intelligence afin de pouvoir s'adapter facilement et rapidement aux différents milieux, et utiliser pour leurs besoins les richesses naturelles si diverses et si variées que présentait le territoire. Nul doute que c'est dans ces origines qu'il faut chercher les causes du caractère particulier des Américains, auxquels on attribue un esprit très inventif et très entreprenant.

S'il nous est très difficile de mesurer cette faculté donnée généralement à l'Américain et de l'évaluer en la comparant avec l'esprit français, nous pouvons tout au moins chercher à étudier les causes du développement des inventions et de leur réalisation pratique, suivant les procédés employés aux États-Unis.

Beaucoup de personnes croient qu'il faut en chercher l'origine dans les lois relatives aux brevets d'invention (*Patent Office*); je ne pense pas que ce soit là le seul point de départ. Il existe, comme l'on sait, une grande différence entre la législation spéciale américaine et la loi française sur les brevets.

En France, tout le monde peut prendre un brevet d'invention (sauf les quelques cas prévus par la loi d'une façon générale), à la condition de verser au Trésor une taxe fixée à 100 francs par an. L'Administration, avant de délivrer le brevet, ne fait que des recherches d'antériorité sans se préoccuper de la valeur de l'invention au point de vue pratique.

Pour prendre un brevet en Amérique, il fallait au contraire montrer, à une commission spéciale du *Patent Office,* une réalisation de l'invention; cela pouvait être construit en vraie grandeur ou à une échelle réduite; la commission examinait le mérite de l'invention, et décidait s'il y avait lieu d'accorder la patente ou de rejeter la demande. Le modèle était conservé et figurait dans le musée du *Patent Office.*

Aujourd'hui, par suite de l'encombrement du musée, les modèles ne sont exigés que sur une demande spéciale de la commission, lorsque cette dernière a des doutes sur la valeur de l'invention; un règlement fixe les dimensions de ces modèles.

Il est certain qu'avec la méthode américaine il y a plus de chances de ne délivrer les brevets qu'aux inventions pratiques, en éliminant les autres. La *patente,* accordée à une invention, lui constitue donc une sorte de recommandation; elle acquiert ainsi vis-à-vis du constructeur une plus grande valeur qu'un de nos *brevets* qui sont délivrés sans aucune garantie du Gouvernement.

Je n'ai pas à discuter ici les avantages et les inconvénients de telle ou telle législation; il suffit de constater, au point de vue du résultat, qu'en France le constructeur achète plus difficilement une invention brevetée que le constructeur américain ne le fait d'une patente.

En Amérique, où l'on est très partisan de la division du travail, nous trouvons dans la construction et la vente des machines agricoles : l'inventeur, le constructeur, et les agents.

Il existe aux États-Unis des ingénieurs qui ne s'occupent que d'inventions; ils sont indépendants ou attachés à quelques grandes maisons de construction. En général l'inventeur est indépendant, et travaille avec d'autant plus d'ardeur qu'il sait d'avance que son invention, s'il obtient la patente, lui sera largement payée.

L'inventeur ne cherche pas à construire, à exploiter son invention, mais à la vendre; le constructeur, dans le désir de surpasser le chiffre d'affaires de son concurrent, est toujours à l'affût de l'achat d'une patente, et pour certaines inventions il se produit des surenchères extraordinaires.

Il arrive très souvent que le constructeur achète une invention, non pour retirer un profit direct de son acquisition, mais pour empêcher le concurrent de s'en emparer, la loi n'obligeant pas à l'exploitation d'une patente; c'est un moyen employé pour forcer les concurrents à maintenir leur fabrication dans un état relatif d'infériorité.

Ces usages expliquent la rapidité avec laquelle on a perfectionné les machines; les inventeurs, assurés d'une juste rémunération, ont résolu les problèmes de cinématique, souvent très complexes, avec une virtuosité remarquable, tout en ayant recours à des procédés empiriques.

Si l'inventeur n'est nullement distrait par les travaux de l'atelier ou du bureau, le constructeur ne s'occupe que de sa fabrication et il y consacre tous ses instants, la vente directe à l'acheteur se faisant très rarement, l'écoulement des produits ayant lieu par des agents commerciaux. C'est avec ceux-ci que le constructeur a le plus de relations, relativement simplifiées.

Chez nous, et en général en Europe, on trouve à la tête de l'usine un seul homme, inventeur, constructeur et vendeur, qui, ayant trop d'occupations, ne peut en faire une qu'au détriment des autres. Il est certain que dans ces conditions on constate une infériorité dans la fabrication européenne vis-à-vis de la construction américaine, qui donne de meilleurs résultats industriels et financiers même avec des spécialistes d'une moindre valeur.

Nous avons vu que les ventes directes de l'usine sont généralement restreintes; le fabricant traite surtout avec des agents ou intermédiaires qui reçoivent des escomptes assez élevés.

Au point de vue commercial, la réclame, comme partout, joue un très grand rôle; en France on affectionne les réclames murales, qui sont peu répandues en Amérique; cela tient sans doute au mauvais état des chemins : quand on sort, c'est qu'on a affaire et l'on est occupé à regarder où l'on doit poser le pied au risque de tomber. Au contraire on lit beaucoup; dans aucun pays les journaux ne sont aussi répandus qu'en Amérique, et cela dans toutes les classes de la société; les statistiques du *Department of Labor,* de Washington, constatent avec un légitime orgueil que les ouvriers américains dépensent plus en livres et en journaux que leurs confrères européens, et, ajoutent-ils, ils dépensent moins qu'eux en boissons alcooliques. La conclusion des enquêtes américaines est que ceux qui lisent le plus sont ceux qui boivent le moins.

Les fabricants se font connaître par les annonces dans les feuilles politiques ou spéciales. Ces annonces sont souvent conçues d'une façon très originale et il y a des *inventeurs d'annonces* qui s'occupent de chercher des procédés spéciaux de réclame, procédés que les industriels leur achètent très facilement.

Les prospectus ou catalogues, comme chez nous, sont très répandus en Amérique; ils sont conçus comme les nôtres, avec un luxe de dessins et de chromolithographies. Ces prospectus ne sont pas meilleurs que ceux de nos constructeurs : la description n'est que générale, superficielle, laissant beaucoup à désirer sous le rapport technique; mais par exemple le tout est accompagné d'une profusion d'éloges et d'un très grand nombre de certificats.

Il y a une forme particulière de prospectus qui facilite beaucoup la vente : le format est très petit, comme un carnet de poche, et quelquefois entre les pages du prospectus il y a des pages blanches intercalées; c'est le cahier de notes. Souvent on trouve sur un côté des pages le prospectus, et sur l'autre des recettes agricoles, des renseignements généraux, tarifs de chemins de fer, de postes, de télégraphes, etc., et même des anecdotes. Le public tient à ces petits livrets, que les constructeurs publient quelquefois tous les mois ou tous les trois mois; il les conserve chez lui, les consulte de temps en temps, c'est ce que l'Américain appelle *un souvenir*. Nous en avons vu distribuer des quantités considérables à la *World's Fair* où tout le monde en demandait. Cette année la mode était également au souvenir en aluminium; c'étaient des médailles ayant d'un côté l'inscription de l'Exposition colombienne, de l'autre le nom et l'adresse du constructeur; l'Américain sait très bien que ce n'est pas de l'argent perdu, mais que les réclames-souvenirs seront conservées longtemps dans les familles.

Au sujet des concours et des essais publics, il convient de dire qu'on leur accorde une attention toute spéciale en Amérique.

Les procédés employés pour ces essais et concours sont analogues à ceux en usage dans nos concours régionaux; jamais on n'a recours à des appareils scientifiques pour déterminer les conditions de fonctionnement des machines; on se borne à les faire travailler devant un public très curieux et très intéressé. Par contre, l'organisation des essais est généralement bien faite; les machines sont placées dans les conditions normales de la pratique, les attelages, fournis par les concurrents, sont en très bon état. Comme leurs confrères anglais, les constructeurs américains montrent dans ces essais un réel savoir-faire : les conducteurs sont bien choisis, les machines sont en bon état de fonctionnement, et sont toujours prêtes à l'heure indiquée.

Généralement on se contente de noter le temps employé au travail. Jamais il n'y a de distribution de récompenses : le jury donne des chiffres relatifs, qui permettent à la rigueur un classement des machines concurrentes.

Ajoutons que ces essais sont très fréquents et se répètent sur un grand nombre de points du territoire. Les sociétés organisent chaque année, par district, un ou plusieurs de ces essais publics.

L'esprit commercial des Américains engage les constructeurs à créer des types spéciaux ou à modifier les différentes parties d'une machine pour répondre aux conditions de fonctionnement qui varient suivant les États de l'Union; ils cherchent, en un mot, à conserver leur clientèle et à l'étendre en établissant des machines qui répondent aux exigences des cultures. C'est ce que nous pourrions appeler l'adaptation des différents types de machines. C'est ainsi que plusieurs constructeurs américains se sont assuré une grande partie du marché européen.

Au début on introduisait chez nous des machines peu solides, qui fonctionnaient mal entre les mains de nos ouvriers, d'ailleurs peu habitués à ce nouveau travail : on nous envoyait alors des machines qui étaient de vente courante en Amérique où les conditions de fonctionnement sont toutes différentes. Les constructeurs américains se sont alors mis à fabriquer ce que nous leur demandions : des machines plus lourdes que les leurs, ayant une durée plus grande et permettant l'emploi des pièces de rechange; peu à peu même, ils appliquèrent ces idées à la construction des machines destinées à leur marché national et aujourd'hui certains ateliers ne font plus de différence entre les machines destinées à l'Europe et celles qui doivent s'écouler en Amérique.

Nous avons vu que l'inventeur est en général indépendant du constructeur; les employés ou ouvriers d'une usine qui font une invention patentée sont payés à part pour leur propriété intellectuelle. D'un autre côté, le manufacturier n'est en relations qu'avec ses agents. Cette division du travail peut expliquer la rapidité avec laquelle les différentes machines se sont perfectionnées en Amérique, et comment du matériel, rudimentaire il y a trente ans, est devenu aujourd'hui d'une application courante par suite des améliorations successives apportées dans sa construction.

APERÇU GÉNÉRAL

DE LA FABRICATION, DE LA VENTE,

ET DE L'EMPLOI DES MACHINES AMÉRICAINES.

Je crois utile d'examiner brièvement dans son ensemble la fabrication américaine.

Le constructeur développe autant de sagacité que l'inventeur pour arriver à produire avec le moins de frais possible. Dès que le débit d'une machine le permet, la fabrication se spécialise, et le travail manuel de l'ajusteur est diminué; les machines-outils sont alors adaptées à la construction des différentes pièces de la machine qu'on doit produire, en employant des gabarits, des supports, des montures et des outils spéciaux; les pièces contournées sont faites sur des *machines à copier,* analogues, comme principe, à celles employées pour la fabrication des sabots, des crosses de fusil, des rais de roues, etc.

De cette façon les constructeurs américains arrivent à produire les machines avec le minimum de main-d'œuvre et par suite de frais, car la houille est à bas prix (7 à 8 francs la tonne en gros et 12 à 13 francs au détail); dans beaucoup d'usines on emploie le gaz naturel qui, tout en ayant un grand pouvoir calorifique, vaut environ o fr. o8 le mètre cube; les moteurs hydrauliques sont également très répandus; c'est ce qui explique comment l'Amérique a pu conserver le monopole du marché européen, pour les faucheuses, les moissonneuses, les lieuses et les râteaux à cheval.

Pour en donner un exemple, vers 1875, les frais de fabrication d'une faucheuse et le bénéfice du constructeur s'élevaient à 180 francs par machine; à ce chiffre il fallait ajouter 4o à 6o francs pour les frais de patente et 25 à 3o p. 100 de frais généraux. De sorte qu'une faucheuse revenait à cette époque à :

	Minimum.	Maximum.
Fabrication..............................	180ᶠ	180ᶠ
Patente.................................	4o	6o
A reporter..................	220	24o

	Minimum.	Maximum.
Report......................	220	240
Frais généraux comptés à { 25 p. 100...........	55	//
{ 30 p. 100...........	//	72
TOTAL..................	275	312

soit en moyenne 294 francs par machine.

Actuellement (1893), les frais de fabrication, y compris le bénéfice du constructeur, sont de 120 à 150 francs, les frais de patente de 15 à 20 francs, et en conservant les mêmes frais généraux que ci-dessus, nous trouvons :

	Minimum.	Maximum.
Fabrication.............................	120^f	150^f
Patente................................	15	20
	135	170
Frais généraux comptés à { 25 p. 100...........	34	//
{ 30 p. 100...........	//	51
TOTAL..................	169	221

soit en moyenne 195 francs par machine, chiffre qui serait de beaucoup dépassé dans nos manufactures de France.

Comme autre exemple, je citerai une manufacture de Chicago, relativement peu importante, qui construit des moulins à vent. La machine comprenant une roue de 2 m. 40 de diamètre, son mécanisme, un pylône (*cable tower*) de 6 mètres de hauteur avec ses accessoires, tout emballée, rendue franco à une distance de 1,500 kilomètres (à quai de New-York) est vendue 200 francs. Cette machine doit donc revenir de fabrication (y compris le bénéfice du constructeur) à 150 francs environ, en comptant les frais généraux à 50 francs.

De plusieurs documents que j'ai pu réunir, il résulte que dans ces grandes maisons de construction (dont certaines occupent plusieurs centaines de travailleurs), 100 ouvriers peuvent fabriquer par an 3,500 à 4,000 machines d'une valeur moyenne de 400 à 500 francs (prix du gros), ou un plus grand nombre de machines d'une valeur moindre. En se basant sur ces chiffres, la vente annuelle est de 1,400,000 francs ou de 2 millions de francs par 100 ouvriers, soit de 14,000 à 20,000 francs par ouvrier employé. C'est-à-dire que la valeur de la production moyenne d'un

ouvrier américain est de trois à quatre fois plus élevée que celle d'un ouvrier français.

Mais il convient de dire que le matériel machines-outils exige un capital
beaucoup plus considérable dans les ateliers américains que dans les ateliers français.

Certaines manufactures, surtout localisées entre Chicago et New-York,
sont de véritables petites villes aussi bien par l'étendue couverte que par
le nombre de travailleurs qu'on y emploie. Mais il est de notre devoir de
mettre en garde l'esprit public contre les exagérations qui ont si facilement
cours en ce qui concerne les ateliers américains, qui, soi-disant, fabriquent
et livrent leurs machines à la vapeur! Ces ateliers ont une réputation sur-
faite et sans pouvoir nous prononcer affirmativement sur leur chiffre d'affaires, qu'il nous a été impossible de vérifier, il est bon de dire que le
bureau d'études n'est pas conduit comme chez nous, que le bureau de dessin
n'existe pour ainsi dire pas, enfin que les pièces sont établies sur gabarits
sans donner aux ouvriers, comme dans nos grandes usines, des dessins ou
des croquis d'exécution.

En voyant ces grands établissements, on peut se demander où est leur
débouché commercial : outre l'Europe, il y a, rien que dans l'Union, une
étendue de terre près de quinze fois plus grande que celle de notre territoire! et sa population ne fait que s'accroître! D'ailleurs le nombre des
maisons de construction est relativement restreint aux États-Unis, car à
l'Exposition de Chicago, où toutes les manufactures étaient représentées,
on pouvait compter à peine 300 exposants dans la section des machines
et instruments agricoles, alors qu'au concours général de Paris nous avions
360 exposants en 1891, 372 en 1892, 385 en 1893... Si nous fixons
à 300 le nombre d'exposants du Concours général agricole de la France
(ce chiffre est bien au-dessous de la vérité), et si nous considérons l'étendue du territoire nous aurions dû trouver à la *World's Fair,* dans la section qui nous intéressait, près de 4,500 constructeurs; il y en avait, dis-je,
à peine 300, et cette seule constatation nous amène à conclure qu'en
général les ateliers américains sont chacun, en moyenne, quinze fois plus
importants que les nôtres.

Ajoutons que pour les transports par grandes quantités, la voie navi-
gable est d'un grand secours dans ces régions où il y a de nombreux ateliers de construction, et elle contribue pour beaucoup à faciliter les expor-
tations : de Chicago à New-York, le chemin de fer demande 3 francs des

100 kilogrammes, tandis que le service par eau ne réclame que 1 fr. 20 ou 1 fr. 60; il est vrai que les hivers rigoureux arrêtent la navigation de décembre à fin avril, mais c'est le moment du chômage dans l'expédition des machines agricoles, et d'ailleurs une habile prévoyance peut jusqu'à un certain point atténuer cette situation.

A côté des fabriques de machines agricoles, on trouve des fabriques spéciales ne manufacturant que des pièces de rechange ou des organes de machines destinés à alimenter les premières (comme par exemple les doigts et les scies des faucheuses et des moissonneuses; les régulateurs et les pièces de charrues, etc.). Ces fabriques spéciales livrent ainsi des pièces d'excellente qualité aux autres usines; à ce sujet, nous avons vu à l'Exposition une grande manufacture de pièces détachées en fonte malléable qui vend, à raison de 0 fr. 50 le kilogramme environ, des régulateurs de charrues, et à 0 fr. 55 le kilogramme des pièces de carrosserie, toutes pièces très bien exécutées et ne pesant pas chacune plus de 1 kilogramme à 1 kilogr. 500; ces chiffres étaient d'ailleurs susceptibles d'une grande réduction, suivant l'importance de la commande. Chez nous, dans les mêmes conditions de poids des pièces et de qualité d'exécution, nos fondeurs demanderaient de 0 fr. 80 à 1 fr. 20 le kilogramme.

––––––––––

Pourtant il ne faut pas oublier que le salaire des ouvriers est très élevé.

Le *Department of Labor* de Washington, qui a pour mission d'aider le pouvoir législatif dans la préparation des lois ouvrières, commerciales et industrielles, nous en donne un aperçu. D'après cette sorte de Conseil d'État du Travail, l'élévation des salaires en Amérique est l'application du rigoureux régime protectionniste, qui, pour nous, se résume dans le vote du fameux bill Mac Kinley. D'ailleurs le bien-être de l'ouvrier ne s'est pas accru: il gagne plus, mais comme en même temps il dépense plus, sa situation reste la même; on ne peut donc pas dire que les ouvriers qui gagnent le plus sont ceux qui vivent le mieux; il faut tenir compte des conditions du milieu. Avec nos meilleurs salaires (ouvriers mécaniciens de Paris), l'ouvrier américain ne pourrait pas vivre. Toujours d'après les documents officiels de Washington, les *skilled-labor* tels que les lamineurs, les chauffeurs, gagnent deux fois plus qu'en Angleterre et près de trois fois plus qu'en France; dans la métallurgie et la construction mécanique, les salaires sont deux fois plus élevés qu'en Angleterre, trois fois plus qu'en France et quatre fois plus qu'en Belgique.

Mais comme on l'a vu, si ces salaires très élevés n'entraînent pas une augmentation correspondante des prix de revient de fabrication, cela tient à ce que les usines emploient beaucoup de machines-outils, et qu'en définitive à la hausse des salaires correspondent un accroissement du nombre de machines et une diminution de celui des travailleurs employés.

D'ailleurs, à l'époque de notre mission, il y avait une grande crise industrielle aux États-Unis; les ouvriers sans travail émigraient de l'Ouest vers l'Est, vers Chicago et New-York, qui ont même pris à ce sujet des mesures rigoureuses pour interdire ou diminuer l'arrivée de ces sans-travail. Le chômage était général; la manufacture Waltham réduisait son personnel de 2,000 à 1,000 ouvriers; chez Edison on renvoyait les deux tiers des travailleurs; ailleurs on ne faisait que vingt-quatre heures de travail par semaine... De l'aveu même des Américains, cette crise est bien plus forte que celle de 1873.

L'exécution et le montage des machines américaines ne donnent généralement lieu à aucune critique. L'habitude que nous tenons de l'Angleterre, de remplacer le bois par le fer, dans les pièces mêmes où le bois est d'un emploi économique, n'a pas encore préoccupé les constructeurs américains, si ce n'est dans quelques machines destinées à la vente européenne. Le bois est employé pour les âges des charrues, les bâtis des moissonneuses-lieuses, des râteaux à cheval, des chargeurs de foin, des batteuses, etc. Il est vrai qu'en Amérique on peut encore se procurer à bon marché du bois d'excellente qualité; le chêne est peu employé, tandis que le frêne et surtout le noyer blanc (*hickory*) sont d'un usage fréquent.

Le fer, l'acier et la fonte constituent la plus grande partie des pièces des machines agricoles. La fonte américaine est très belle et généralement d'excellente qualité. La fonte malléable ou aciérée à sa surface trouve dans la construction de nombreuses applications.

Ce qui frappe surtout dans les machines, comme dans les autres constructions métalliques (ponts, fermes, etc.), c'est la légèreté apparente des pièces et la bizarrerie des formes. Cela tient à ce que les constructeurs américains cherchent à ne faire travailler les pièces qu'à l'extension ou à la compression, c'est-à-dire avec des efforts toujours parallèles aux fibres et uniformément répartis dans toute l'étendue de la section de la pièce. Lorsque les pièces travaillent à la flexion, les fibres supportent des efforts inégaux et d'autant plus intenses qu'ils sont plus éloignés de la fibre neutre; le calcul des pièces soumises à la flexion est d'ailleurs plus difficile, plus délicat et exige des notions plus élevées en mécanique que celui des pièces qui travaillent à l'extension ou à la compression. Sous ce rapport on gagne en légèreté, mais on est conduit à adopter des formes bizarres.

Néanmoins, ce système est à recommander chez nous; la plastique de la machine y perdra certainement, mais on gagnera en solidité et en légèreté, ce qui permettra de réduire les poids et surtout les prix; du reste, nous ne pensons pas qu'on .doive traiter une machine agricole en objet d'art, nous n'avons pas besoin de demander qu'elle soit belle, mais seulement qu'elle soit bonne.

La légèreté des machines agricoles américaines est due encore à ce que les constructeurs adoptent pour beaucoup de pièces 1/5 comme coefficient de sécurité, alors que chez nous nous maintenons invariablement le chiffre 1/10 qui a été indiqué il y a une quarantaine d'années, alors que la grande industrie métallurgique n'était pas si perfectionnée qu'actuellement; il y a lieu d'appeler sur ce point l'attention de nos constructeurs en se basant sur des recherches récentes entreprises sur la résistance des matériaux actuellement fournis par nos fonderies, forges et aciéries.

Les machines américaines sont en quelque sorte brutes de fonte; elles ne sont pas ajustées dans le sens propre du terme. Aussi d'une façon générale, les machines de construction américaine ont toujours l'aspect d'un assemblage de pièces ébauchées, qui ne sont finies que dans les parties les plus indispensables sans lesquelles les organes ne pourraient fonctionner. C'est l'inverse pour les machines anglaises qui, comme matériel agricole, sont peut-être trop ajustées.

La perfection dans l'ajustage permet de diminuer la traction des machines, mais l'inconvénient se ressent lorsqu'il s'agit de remplacer une pièce détériorée : la pièce de rechange ne s'adapte souvent à la machine qu'à la suite d'un ajustage nouveau, souvent impossible à faire effectuer par un ouvrier de la ferme ou du village voisin de l'exploitation.

L'économie de traction à réaliser sur les machines ne semble pas préoccuper beaucoup les Américains qui emploient facilement des attelages plus importants que les nôtres. Ainsi aux moissonneuses-lieuses où nous mettons 2 ou 3 chevaux, on en attelle 4 en Amérique; les charrues qui chez nous n'auraient que 2 chevaux en reçoivent 4 et 5 dans les exploitations américaines, et leurs chevaux sont aussi forts que les nôtres, mais l'on cherche surtout à aller vite, à faire beaucoup de besogne par jour afin d'économiser la main-d'œuvre. Dans les fermes, l'ouvrier est engagé au mois; en plus du logement et de la nourriture, il reçoit au moins 20 dollars par mois, soit 100 francs environ; généralement il n'est gagé que pour neuf mois de l'année; en hiver, s'il veut rester à la ferme, on lui donne la nourriture et le logement, on ne le paye pas et il ne travaille que deux heures par jour pour les soins à donner aux bestiaux.

En Amérique on ne répare pas souvent les machines : les exploitations étant généralement éloignées des voies de communication, ces voies étant elles-mêmes en très mauvais état, le transport des pièces de rechange exigerait beaucoup trop de temps; les agriculteurs demandent aux constructeurs des machines dont les pièces s'usent en quelque sorte uniformément. Au bout de quelques campagnes, la machine est mise au rebut et l'acquisition d'une nouvelle se fait avec d'autant plus de facilité que les prix ne sont pas élevés.

En Angleterre, avant les travaux, les machines sont souvent envoyées chez le constructeur qui les remet en état, tandis qu'en France les agriculteurs demandent très volontiers des pièces de rechange dont le transport rapide est facilité par notre bonne organisation postale et par nos excellentes voies de communication dont le réseau très étendu couvre le pays.

En Amérique le matériel agricole est très mal soigné, abandonné en plein air et souvent, comme vers Fort Wayne et Plymouth, laissé en dépôt dans les rues et les avenues des villes et villages ! Dans les États de l'Est (New-York, Pennsylvanie, etc.) où se cultive le sorgho, les moulins sont établis à poste fixe dans les champs, sans ou presque sans abris.

Aux États-Unis, on voit fréquemment ensevelies sous la neige des machines agricoles : moissonneuses-lieuses, râteau à cheval, etc., abandonnés dans un coin du champ où les bestiaux sortent un moment pendant les heures les plus chaudes de ces longs hivers rigoureux, si fréquents dans une grande partie du territoire de l'Union américaine.

De l'aveu même des esprits éclairés de l'Amérique, qui déplorent cet état de choses, on conçoit très bien qu'avec une semblable méthode, économique à première vue, car elle dispense de l'entretien et de l'amortissement d'une construction simple (hangar, abri, etc.), ce matériel ne peut

que se détériorer surtout s'il s'agit d'organes et de mécanismes aussi déli-
cats et aussi complexes que ceux des moissonneuses-lieuses.

Chez nous, et c'est avec plaisir que nous pouvons le faire constater, le
matériel est mieux soigné; il est remisé sous des hangars ou des abris légers, et pour l'instant ne demandons pas plus à nos cultivateurs qui ont
déjà assez de dépenses à faire et de travaux à exécuter.

Certes, si l'agriculteur américain n'entretient pas bien ses machines,
c'est qu'il sait qu'il s'en invente et s'en construit tous les jours de nouvelles,
et qu'il est plus disposé, au bout de quelques campagnes, à mettre son
matériel au rebut pour en acheter un neuf, d'autant plus facilement qu'en
Amérique les prix sont moins élevés qu'en France; mais il n'en est pas
moins vrai que c'est une mauvaise raison économique, qui cadre bien avec
les idées que nous avons rapportées de là-bas, c'est-à-dire que le peuple n'a
pas l'esprit économe.

Comme preuve de ce que je viens d'avancer, je ferai encore un emprunt
à un des rapports du *Department of Labor,* dont j'ai déjà parlé plusieurs
fois; après avoir constaté que «l'Américain est moins prévoyant qu'aucun
autre homme», il est dit «qu'un peuple parcimonieux n'est jamais pro-
gressif, ni, en thèse générale, industriellement actif. C'est l'homme qui a
le plus de besoins qui travaille avec le plus d'énergie pour les satisfaire; et
c'est celui que l'industriel a intérêt à employer. La pratique de l'économie
empêcherait les classes ouvrières (américaines) de satisfaire les mêmes besoins, de réaliser les mêmes progrès que les autres classes de la société,
et cette pratique serait une injustice morale et une très mauvaise poli-
tique industrielle»; enfin, comme conclusion, l'idée américaine est que
«l'épargne atteste un niveau social relativement bas»!

Il ne nous appartient pas, dans ce rapport, de discuter cette opinion,
mais nous ne pouvons nous empêcher de rappeler que la grande vitalité de
notre pays, que son énergie, surtout après les douloureuses années de la
guerre, que le relèvement de toutes les branches de notre activité nationale, qui étonna tous les peuples de l'Europe, ne sont dus qu'à l'épargne
française et surtout à la petite épargne.

APERÇU GÉNÉRAL
SUR LES MACHINES AGRICOLES
AUX ÉTATS-UNIS.

La partie technique de ce rapport, devant comprendre l'étude détaillée des machines agricoles américaines, aurait nécessité un trop grand développement; aussi j'ai tenu à n'en dresser ici qu'une sorte d'inventaire explicatif.

J'examinerai plus particulièrement les machines intéressantes employées par la culture des États-Unis, et je n'en donnerai qu'un aperçu général, en cherchant surtout à relier les conditions économiques de leur emploi, les systèmes en usage, le mode de construction et d'établissement, etc., avec les conditions culturales.

Au point de vue des machines agricoles, qui nous intéressaient particulièrement, nous étions heureux de voir l'Exposition à Chicago, car l'Illinois et les États environnants sont le berceau des principales inventions relatives à ce matériel; comme j'ai déjà eu l'occasion de le dire, les plus importants ateliers de construction se trouvent dans les États d'Illinois, de Pennsylvanie et de New-York, puis dans ceux de l'Ohio, de l'Indiana et de New-Jersey.

C'est dans les comtés de Kane, de du Page et de la Salle, les plus riches et les plus fertiles de l'Illinois, que furent inventées les principales machines agricoles, entre autres :

En la Salle : les cultivateurs et houes à maïs (à Otawa), les égreneuses de maïs (à Marseilles), les machines à creuser et à placer les tuyaux de drainage;

En de Kane : les ronces artificielles et les machines pour les fabriquer, la *Marsh harvester,* moissonneuse combinée avec un élévateur alternatif et un appareil pour comprimer la botte et la présenter à deux ouvriers lieurs portés par la machine: les moulins à vent;

En du Page : les appareils de laiterie; les appareils à condenser le lait (actuellement le Wisconsin est en avance sur l'Illinois pour l'industrie laitière).

C'est toujours, aux États-Unis, le même objectif. Le prix élevé de la main-d'œuvre rurale oblige l'agriculteur à utiliser les machines, à modifier souvent le travail et l'emploi pratique de ces dernières. Ainsi, avec les charrues ne versant que d'un seul côté, au lieu de labourer en planches, afin de perdre moins de temps aux tournées, on laboure quand on le peut en tournant tout autour du champ; tantôt on enraye sur la périphérie, tantôt on enraye au centre de la pièce de terre. Ce labour fut préconisé autrefois en France par Fellemberg.

Avec ce mode de travail les attelages soufflent moins aux tournées, mais il faut tenir compte qu'on attelle en Amérique trois chevaux aux charrues qui, chez nous, n'auraient pour les mêmes dimensions et la même terre que deux moteurs.

Dans les États de New-York, de Pennsylvanie, de l'Ohio, de l'Illinois et du Michigan (et de l'Ontario, en Canada), on emploie plus d'araires que de charrues à siège; ailleurs, dans les États où l'on trouve difficilement des laboureurs, on a recours aux charrues tilbury.

Dans le North Dakota, les charrues à deux raies sont attelées de cinq mulets; les chantiers de labourage ordinaires du North Dakota comprennent une dizaine de ces charrues qui se suivent à 7 ou 8 mètres de distance, sous la conduite d'un surveillant à cheval ou en buggy.

Pourtant dans les régions de l'Est, et dans le Sud-Canada, l'ouvrier agricole doit être habile et doit manœuvrer les machines avec une grande dextérité; dans un grand nombre de localités, les souches d'arbres sont laissées en plein champ, coupées à 0 m. 50 ou 0 m. 60 au-dessus du sol; nous avons vu fréquemment des champs labourés où l'on pouvait compter plus d'une centaine de souches par hectare; de temps à autre, on tente de les détruire par le feu, mais les racines s'étendent toujours dans leur voisinage à une faible profondeur; c'est dans ces régions qu'on emploie surtout les araires, qui sont de toutes les charrues les plus sensibles à l'action de l'homme sur les mancherons. Il faut, pour cultiver le sol, tourner autour de ces souches, et la plus grosse difficulté réside surtout dans les travaux de récolte. Les faucheuses américaines permettent de relever très rapidement la barre porte-lame au moyen d'un levier, et dans les champs où les moissonneuses-lieuses doivent fonctionner, on a soin de couper les souches à 0 m. 15 au-dessus du sol afin de permettre le passage de la scie qui d'ailleurs fonctionne toujours très élevée, car on ne cherche pas à récolter la paille dont la valeur est pour ainsi dire nulle aux États-Unis.

Il y a également quelques chantiers de labourage à vapeur. Les Américains condamnent les systèmes anglais, ou dérivés, dans lesquels la charrue est tirée par un câble métallique qui s'enroule sur un treuil à vapeur fixe ou locomobile, comme exigeant trop de matériel et de personnel; les machines employées sont analogues au système de la *Geiser Manufacturing Company*, de Waynesboro : une locomotive routière est attelée directement à une charrue à six raies; à l'extrémité des sillons, on relève la charrue à l'aide d'une petite grue ou par des leviers qui retirent les corps de terre. La locomotive routière, de 12 à 14 chevaux, est souvent du système Perless, et d'après les renseignements que j'ai pu obtenir, une semblable machine peut labourer en une journée de 4 à 6 hect. 40 ares.

Les travaux de hersage sont très négligés dans la culture américaine, et même beaucoup d'exploitations sont dépourvues de ces machines dont l'emploi est si général en Europe.

Les quelques herses américaines qui figuraient à la *World's Fair* sont basées sur un principe qui est depuis longtemps abandonné chez nous; ce sont des machines rectangulaires ou parallélogrammatiques dont les dents sont à inclinaison variable et réglable par un levier. Les dents sont droites en fer à section carrée, ou cintrées en acier méplat. Les excellentes herses en zig-zag, accouplées et articulées, que l'on construit en France, sont inconnues en Amérique, et il nous semble que beaucoup de modèles des États-Unis sont bien trop légers et ne doivent effectuer qu'un grattage superficiel du sol.

Par contre, les agriculteurs des États-Unis remplacent le hersage par la pulvérisation du sol en employant des machines spéciales dont on a tenté, il y a cinq ans, l'introduction chez nous.

Dans les sols argileux, comme ceux des anciennes prairies, après le labour d'hiver, on brise au printemps les mottes avec une machine qui joue le rôle de nos rouleaux croskill; le *mumbler* est une sorte de traîneau construit en bois (à la ferme), ou en tôle et en fers ronds.

Avant l'ensemencement (à la volée ou en lignes), on donne au sol une dernière façon culturale qui remplace notre hersage; le pulvériseur brise les mottes, et le résultat de son travail est un ameublissement superficiel du sol à peu près analogue à celui de nos cultivateurs; en un mot c'est un pseudo-labour obtenu soit avec des pièces traînantes, plus ou moins contournées dans le plan vertical et dans le plan horizontal, comme dans la herse *acme,* soit avec des disques concaves, circulaires ou dentés, montés

sur des axes obliques par rapport à la direction du mouvement, comme
dans les nombreux modèles de pulvériseurs.

Les engrais chimiques sont très peu employés, sauf dans quelques États
de l'Est, les plus anciennement cultivés, notamment dans le New-Jersey et
le Massachusetts; aussi conçoit-on que les Américains ne se soient pas pré-
occupés, jusqu'à présent, des distributeurs d'engrais qui intéressent tant
l'agriculture européenne. Nous n'avons vu que deux types de ces machines,
et ce n'est pas aux États-Unis que nous conseillerons à nos constructeurs
de chercher des modèles.

Le fumier est même presque inconnu dans les cultures, les fermes en
produisent très peu : les bovins sont au pâturage et ne sont rentrés que la
nuit; les étables sont planchéiées et ne reçoivent aucune litière. Les écuries industrielles de Chicago produisent une très faible quantité de fumier qui sert de combustible dans les foyers de générateur à vapeur; à
New-York, ce fumier, mélangé aux ordures de la ville et aux détritus des
usines de la cité, est chargé sur des chalands, puis jeté à la mer au large
de Sandy Hook! Comme on le voit, les Américains ne pratiquent pas l'application prévoyante de la loi de la restitution au sol des matières exportées
par les récoltes.

Le peu de fumier produit dans la ferme américaine est porté sur les
terres du jardin potager; néanmoins on a tenté d'en favoriser la production, mais la main-d'œuvre nécessaire pour l'épandage sur le sol en a
arrêté la propagation. C'est probablement pour ces causes que nous avons
retrouvé à Chicago la seule machine pour répandre le fumier que nous
connaissons depuis 1879, époque à laquelle un modèle fut introduit en
France sans aucun succès.

Les céréales se sèment surtout à la volée, tantôt avec des machines très
simples qui se fixent à l'arrière d'un chariot de l'exploitation, tantôt avec
des semoirs spéciaux, également à projection horizontale. Mais afin de sup-
primer la façon superficielle qu'on est obligé de donner au sol pour recouvrir plus ou moins complètement la semence, les Américains ont été
conduits à combiner des semoirs avec des pulvériseurs; la machine sème
toujours à la volée, mais sur une largeur égale à son train (3 à 4 mètres)
et la graine est recouverte par le pulvériseur ou par des lames de houe.

En définitive ces machines américaines sont appliquées à des procédés
élémentaires de culture, où l'on ne cherche pas, comme en Europe, à semer en lignes en vue des binages ou pour économiser la semence, et surtout

pour placer les graines dans les meilleures conditions. Nous verrons tout à l'heure qu'il y a des semoirs spéciaux à poquets pour le maïs.

Les quelques semoirs en lignes, c'est-à-dire ceux qui sèment les graines au fond de petits sillons parallèles, sont sans avant-train, et par conséquent sans gouvernail; ils emploient la distribution forcée, et les pieds ont un mode d'attache particulier. Ces machines, qui ne jouissent pas d'une grande faveur auprès des Américains comme n'effectuant pas une assez grande quantité de travail journalier, sont surtout remplacées par les précédentes à disques pulvériseurs ou à houes qui recouvrent irrégulièrement et incomplètement la semence, mais qui ont l'avantage de travailler sur une grande largeur d'un seul coup. Dans les plaines du North Dakota ces machines, de 7 à 8 mètres de largeur, sont attelées de quatre chevaux et conduites par un homme; il y a souvent des chantiers de 6 ou 7 de ces semoirs.

Pour les 13 millions d'hectares cultivés dans le North Dakota, on estime à 15 millions de francs le matériel employé dans les exploitations; la dépense annuelle de main-d'œuvre pour le service des machines est évaluée à 15,250,000 francs; enfin plus de 200,000 chevaux et mulets sont utilisés à ces travaux.

L'emploi des machines est une question de vitalité pour la culture américaine; un seul chiffre en fera comprendre l'importance. Autrefois une culture de 25 hectares de maïs nécessitait cinq hommes, sans compter les attelages; aujourd'hui il suffit d'un seul ouvrier pour la même étendue qui est mieux soignée et avec moins de fatigue. Il ne faut pas en conclure qu'on a diminué les ouvriers dans le rapport de 1 à 5, mais qu'avec le même nombre de travailleurs agricoles l'étendue cultivée s'est quintuplée.

Dans les régions de l'Ouest et du Centre, où le maïs constitue la récolte importante, les agriculteurs américains ont été amenés à en faire la principale culture chargée de nettoyer parfaitement le sol, afin que les céréales (blé ou avoine) qui lui succèdent dans l'assolement puissent être semées au semoir à la volée, dont le travail pratique effectué est plus considérable que celui des semoirs en ligne. C'est pour cela qu'ils furent conduits à semer en poquets, espacés de 1 mètre environ en tous sens; et d'un autre côté, afin de pouvoir nettoyer le sol à l'aide de houes attelées, sans avoir recours au sarclage à la main considéré comme trop coûteux, il fallait biner dans les deux sens; aussi les poquets de maïs doivent se trouver à l'intersection de deux lignes formant entre elles un angle droit. Pour obtenir cette plantation, les Américains utilisent des semoirs, certes très ingénieux, très intéressants, mais dont la complication empêchera pendant longtemps l'emploi en France, et je ne pense pas que nous ayons à en souhaiter la propagation, nos semis en lignes étant obtenus d'une façon plus économique. D'ailleurs chez nous, d'autres plantes concourent avec le maïs au nettoyage des champs des régions où se cultive le *zea*.

Du reste, je crois utile de décrire en quelques mots les travaux de culture de maïs dans les fermes de l'Illinois et de l'Indiana; la connaissance de ces travaux est indispensable afin de saisir le rôle de certaines machines américaines, et l'importance que les agriculteurs y attachent :

1° On donne un labour en automne ou au printemps; si ce labour a eu lieu en automne, on donne au printemps :

2° Un passage de pulvériseur à disques ;

3° Un coup de herse *acme;*

4° On plante au semoir spécial à poquets; les poquets (qui contiennent de trois à quatre graines chacun) sont écartés de 1 mètre sur les lignes, et les lignes sont à 1 mètre d'écartement.

Quand le maïs a 0 m. 03 ou 0 m. 04 de hauteur, on passe :

5° Le pulvériseur (*tower*) pour émotter et couper les herbes adventices, les retarder de quinze jours au moins, afin de permettre au maïs de prendre le dessus; un coup de herse ordinaire, qu'on employait autrefois, n'est pas suffisant pour ce travail.

Lorsque le maïs a 0 m. 10 de hauteur, et suivant l'état du champ :

6° On cultive l'interligne par un cultivateur à siège, muni de pelles petites, pénétrant peu profondément dans le sol; on donne deux ou quatre passages du cultivateur, jusqu'à ce que le maïs ait 0 m. 60 ou 1 mètre de hauteur, c'est-à-dire tant que les têtes sont flexibles pour plier sous le bâti de la machine qui laisse un dégagement de 0 m. 80. Ces houes sont surtout intéressantes pour nous au point de vue du mode d'attache des lames travaillantes sur les bâtis.

En août on coupe le maïs destiné à l'ensilage, on le met en meulons circulaires de 1 m. 50 de diamètre; ces meulons répartis en plein champ sont chargés (en septembre) d'un seul coup dans un chariot à l'aide d'une petite grue spéciale; ce maïs-fourrage ensilé est destiné à l'engraissement des bœufs.

Depuis longtemps les Américains sont à la recherche d'une moissonneuse à maïs; un certain nombre de modèles datent de 1892, mais ne sont pas encore très répandus. Ces machines très simples et par suite peu coû-

teuses pourraient être employées chez nous où elles rendraient certainement des services à la petite et à la moyenne culture.

Pour le maïs à graines, vers octobre-novembre, les hommes passent
dans le champ et, avec une cheville en fer attachée à la main par une petite courroie, ils récoltent les épis et les jettent dans le coffre d'une voiture.
Un homme récolte ainsi 1,800 litres par jour de dix heures (il y a de
1,450 à 3,600 litres par hectare). Une moissonneuse à maïs figurait à la
World's Fair, elle ne récoltait qu'un seul rang.   .

Les tiges de maïs restent dans le champ; on y met les bestiaux qui mangent les feuilles sèches et les épis oubliés, puis, au printemps, on donne
un coup de pulvériseur, qui hache les tiges de maïs, un ou deux hersages et
l'on sème à la volée, à la machine, de l'avoine à laquelle on ne donne aucune culture; souvent on sème du trèfle dans l'avoine. Après la récolte de
l'avoine à la moissonneuse-lieuse, on sème du seigle (si les terres ne sont
pas infestées de chiendent) ou du maïs.

Les tiges de maïs qui ont passé l'hiver sur le champ, ainsi que nous venons de le voir, doivent être coupées ou broyées avant l'ensemencement
de l'avoine. Ce broyage est effectué par des pulvériseurs, dont nous avons
déjà parlé, ou mieux par des machines spéciales plus énergiques (*stalk
cutter*) que l'on emploie également dans le Sud pour broyer les tiges de
coton. Ces stalk cutter pourraient peut-être trouver chez nous quelques applications lorsque, par exemple, il s'agira de broyer des sarments pour les
incorporer au sol dans les différentes façons culturales.

L'égrenage du maïs se fait à la ferme avec des petites machines d'une
construction simple, qu'il serait bon d'introduire chez nous. Pour les récoltes importantes, on a recours à des batteuses à vapeur à grand travail.
Ces machines, mues par des locomobiles de 10 à 12 chevaux de puissance, peuvent intéresser certaines de nos colonies.

La récolte des céréales se fait à la moissonneuse-lieuse, car aujourd'hui
les moissonneuses ordinaires ne se vendent presque plus aux États-Unis,
et si les ateliers en continuent la fabrication, c'est surtout en vue de l'exportation. Les moissonneuses-lieuses sont généralement attelées de quatre chevaux de front, et travaillent dans les grandes exploitations par groupe de
cinq à huit machines. Derrière ce chantier (toujours surveillé par un contre-
maître à cheval, en buggy ou en sulky) il y a généralement un chariot
léger attelé de deux chevaux, contenant les pièces de rechange, les scies,
l'huile, etc.

- Le 23 août 1893, les membres des commissions étrangères de l'Exposition universelle de Chicago ont pu voir dans une excursion au North Dakota, à la fameuse *Elk Valley Farm,* près Larimore (comté de Grand Forks), un champ de 4,000 hectares de blé récolté par quarante-cinq moissonneuses-lieuses Deering, réunies à l'occasion de leur visite, fonctionnant à la suite les unes des autres. Une machine, attelée de trois mulets, coupait en plein travail sur une largeur de 2 mètres; elle faisait 33 mètres en 25 secondes; sa vitesse moyenne était de 1 m. 32 par seconde, et dans ce temps la surface coupée était de 2 mq. 60.

Y compris les temps d'arrêt, une machine ne coupe guère plus de 1 mq. 90 par seconde, soit 114 mètres carrés par minute ou 6,840 mètres carrés par heure. Le chantier des quarante-cinq machines précitées devait abattre un peu plus de 30 hectares de récolte par heure.

On a résolu récemment le problème du moissonnage à la vapeur : un attelage spécial relie trois moissonneuses-lieuses ordinaires à une locomotive routière.

Dans les États de l'Ouest, on loue souvent les moissonneuses-lieuses. Très rarement on ne loue que la machine, et dans ce cas au prix de 2 fr. 50 à 3 francs l'hectare; ordinairement on loue à la fois la machine, le conducteur et les trois chevaux, le locataire doit fournir l'huile et la ficelle; le prix de location est alors de 5 francs par hectare et, comme la machine récolte de 7 à 8 hectares par jour, elle rapporte à son propriétaire de 35 à 40 francs.

Une autre machine employée pour la moisson est le *header* qui a une grande analogie avec la moissonneuse de Case que nous avons vue à Paris, à l'Exposition universelle de 1878, dans la section des États-Unis. Le header coupe sur une largeur de 5 mètres environ, à une assez grande hauteur au-dessus du sol (on sacrifie la paille qui n'a pas de valeur).

La moissonneuse est poussée par quatre chevaux et conduite par deux hommes dont l'un commande la roue d'arrière chargée de donner la direction voulue à la machine.

Les rabatteurs sont à axe horizontal, en forme de dévidoirs; le tablier à toile sans fin entraîne la récolte coupée, sur la gauche de la machine, à un élévateur qui la déverse dans un chariot spécial, attelé de deux chevaux qui se déplacent parallèlement à la moissonneuse; le chariot porte le conducteur et un ouvrier chargé de surveiller le chargement.

Il y a toujours plusieurs chariots qui suivent la moissonneuse, afin qu'il n'y ait pas de longues interruptions de travail. Vus de l'avant, ces chariots ont la forme d'un triangle rectangle ; c'est une sorte de grande boîte légère montée sur un train de quatre roues ; les panneaux d'avant et d'arrière sont formés de toiles, et il n'y a pas de paroi du côté où arrive la récolte coupée fournie par l'élévateur de la moissonneuse.

L'ensemble (moissonneuse et chariot) occupe environ 9 mètres de largeur sur 8 mètres de longueur ; la machine seule, dont beaucoup de pièces sont en bois, pèse de 1,200 à 1,500 kilogrammes.

Le chantier, composé de :

	Hommes.	Chevaux.
Moissonneuse	2	4
Trois chariots	6	6
Meule	2	//
TOTAL	10	10

récolte 14 à 15 hectares par jour.

Le grain coupé est mis en meules réparties dans le champ même ; le battage s'effectue à l'aide de fortes machines en bout (à batteur à pointes) actionnées par des locomotives routières de 12 à 14 chevaux de puissance ; ces machines, dont la chaudière très simple peut souvent brûler indistinctement la paille, la houille et quelquefois le bois, nous paraissent très différentes de nos locomobiles, mais il ne faut pas oublier que l'économie de vapeur et, par suite, de combustible n'est pas le principal objectif des constructeurs américains.

Généralement le battage s'effectue par des entrepreneurs qui louent la locomotive routière, la batteuse, les chariots spéciaux destinés au transport de l'eau et du combustible, quand ce dernier n'est pas la paille battue ; l'entrepreneur fournit également trois hommes, deux pour la machine à vapeur, et un pour la batteuse. De son côté, l'agriculteur doit se procurer le combustible, l'amener, ainsi que l'eau, à pied d'œuvre, puis le personnel nécessaire pour la batteuse, fonctionnant, bien entendu, à plein travail ; les frais à régler, en dehors de ceux qui précèdent, s'élèvent à un peu plus de 0 fr. 15 par hectolitre de grain battu et nettoyé, prêt, en un mot, à être livré au commerce.

Le règlement des comptes étant basé sur le volume du grain battu, les constructeurs ont été conduits à établir des compteurs très simples permettant d'enregistrer la quantité de grain qui sort de la machine. Deux mesures sont placées côte à côte; on· envoie le grain dans l'une d'elles; quand la mesure est pleine, l'ouvrier manœuvre une petite vanne qui change la direction de l'écoulement du grain pour envoyer ce dernier dans la seconde mesure pendant que des hommes déversent la première dans les voitures, et ainsi de suite. C'est le déplacement de la vanne qui actionne un simple compteur à cadran. Ajoutons que le poids du grain fourni par la machine à battre sera contrôlé à l'*élévateur*.

Lorsque le chantier du battage se trouve à proximité d'une ligne de chemin de fer et qu'il n'y a pas d'élévateurs, on charge directement dans les wagons, afin d'économiser la main-d'œuvre.

Dans ce cas, le grain, fourni par la batteuse, est remonté à 2 mètres de hauteur par une chaîne à godets (qui fait partie du mécanisme de la machine); il se déverse directement dans des chariots spéciaux.

Les *élévateurs* si répandus sur tout le territoire de l'Union sont intimement liés au mode de battage et aux procédés des transactions commerciales des grains en usage en Amérique.

Ils reçoivent le grain en bon état de nettoyage et c'est ainsi que les machines doivent le livrer. En Amérique on ne voit donc pas de ces petites batteuses sans nettoyage comme on en trouve chez nous; il n'y a que des machines de 10 à 14 chevaux, et dans les régions où le combustible est d'un prix trop élevé à cause du transport, on les actionne par des manèges à terre, locomobiles, mus par 10 à 14 chevaux ou mulets.

Les machines à battre sont de deux systèmes : l'un, le plus ancien, dit à *elevator,* à toile sans fin; l'autre, plus récent, auquel les Américains semblent donner la préférence, est dit à *vibrator;* ces dernières machines ont des secoueurs établis sur le principe de ceux de nos batteuses. Les machines sont toujours en bout et les batteurs à pointes, les Américains n'ayant pas, comme nous, intérêt à avoir des batteuses en travers qui conservent la paille, cette marchandise ayant peu de valeur.

Ordinairement le chantier de battage à la vapeur comprend : deux hommes à la machine à vapeur, deux hommes aux voitures à eau et au combustible (qui est très souvent de la paille battue), six hommes à la batteuse, trois ou quatre voitures à deux chevaux et à deux hommes chacune, chargées d'approcher de la batteuse la récolte à battre; quatre hommes à la meule de paille et un homme à chaque voiture chargée d'enlever le grain, soit un ensemble d'une trentaine d'ouvriers.

Le grain est transporté en vrac dans des chariots spéciaux, dont nous avons parlé; le fond de ces chariots est incliné vers l'arrière où se trouve ménagée une vanne verticale ou porte de déchargement. Ces voitures se déversent directement dans les trémies des élévateurs du voisinage, ou dans les wagons de chemin de fer. Le chargement de ces grands wagons américains s'effectue par la gravité : le long de la voie est établie une estacade en bois, surélevée de 3 mètres environ, raccordée par un plan incliné au terrain naturel. Les voitures chargées de grains sont élevées sur l'estacade, et leur déchargement s'effectue par la vanne d'arrière dans une goulotte inclinée, posée sur des tréteaux, qui conduit directement le grain dans les wagons.

Pour la production des fourrages, localisée surtout dans les régions humides comme celles qui avoisinent les grands lacs, on emploie des faucheuses et des râteaux à cheval qui ne présentent rien de particulier sur ceux en usage dans notre pays (si ce n'est leur grande largeur) et qui proviennent des manufactures américaines; certaines machines ont une barre de coupe qui atteint et dépasse quelquefois 2 mètres, ayant de 23 à 27 dents, alors qu'en France nos machines ont un train de 1 m. 25 à 1 m. 30 au plus; les râteaux à cheval ont une dimension proportionnée.

Mais j'appelle particulièrement l'attention sur les machines curieuses qui servent à charger directement dans des chariots le foin fané réparti en andains dans la prairie; il en est de même pour le matériel très simple et très intéressant installé dans le fenil pour décharger rapidement, avec peu de main-d'œuvre, les voitures de foin et emmagasiner la récolte. Dans toutes ces machines la puissance mécanique est fournie par un cheval, les hommes n'ayant qu'à diriger le travail.

Les arracheurs de pommes de terre, employés ou proposés en Amérique, sont certainement curieux, mais nous doutons que ces types (très compliqués et exigeant beaucoup de puissance) résolvent le problème d'une façon satisfaisante pour la pratique; leur examen sera peut-être utile pour établir des modèles intéressant notre pays, où la culture de la pomme de terre tend à prendre de l'extension.

Dans les régions qui n'appartiennent pas à un bassin artésien, le service d'eau de l'exploitation rurale, qui est généralement très bien fait, est assuré par un moulin à vent; aussi une ferme se distingue-t-elle de loin par son moulin à vent dont la roue tourne à 10 ou 15 mètres au-dessus du sol plat de l'ancienne prairie, c'est dire qu'on voit de ces moteurs en grand nombre quand on voyage en Amérique et dans le Sud-Canada.

Il y a lieu d'insister sur ces intéressantes machines. En Amérique, comme en Europe, il est très probable que la découverte de la machine à vapeur fit une concurrence redoutable aux moulins à vent; en Europe, et surtout chez nous, elle eut pour résultat de faire disparaître presque tous ces moteurs; mais en Amérique, où pourtant la houille est à un plus bas prix qu'en France, elle eut pour effet de modifier l'affectation du moulin à vent. Étant données les conditions américaines (bas prix de la houille, comparativement aux prix de France, et prix élevé de la main-d'œuvre) où l'on trouve économique d'employer les moulins à vent, il y a lieu de réhabiliter chez nous ces moteurs, et d'en favoriser l'emploi en agriculture.

On conçoit très bien l'importance que les organisateurs de l'Exposition de Chicago ont donnée à l'exhibition des moulins à vent. Jamais il ne nous a été permis de voir une aussi belle installation et un ensemble si complet. Sur les bords d'une lagune, communiquant directement avec le lac Michigan, on avait dessiné un petit parc, qui, bien entendu, était plat, uni, sans vallonnements comme presque tous les parcs américains; des allées sinueuses limitaient les places engazonnées où chaque exposant avait réuni les produits de sa manufacture en les présentant souvent d'une façon originale.

Dans les comtés du Sud, comme celui de l'Iroquois par exemple, chaque exploitation est alimentée par un puits artésien.

Les champs sont tous entourés de clôtures, car ils sont alternativement en culture et en pâturage; ces clôtures sont très diverses, en souches d'arbres, en palissades, etc. Aujourd'hui on les fait en treillages et en grillages, et la ronce artificielle a pris dans cette application une extension considérable. J'ai pu visiter à de Kalb les usines de la *J. L. Ellwood manufacturing C°* dans lesquelles il y a 201 machines; un homme surveille 2 machines et gagne 7 fr. 50 par jour; le chef technique de l'établissement gagne 8,000 francs par an.

Il y a d'autres machines très curieuses qui permettent de faire les clôtures sur place, les bois étant mis verticalement et les fils de fer horizontalement; quelques types de ces machines pourraient peut-être trouver emploi chez nous.

Comme complément aux clôtures, il y a les barrières automatiques; je ne fais que les signaler, car, de l'aveu même des Américains, ces barrières ne sont pas pratiques.

Les appareils de nettoyage et de triage des grains n'existent pour ainsi

dire pas en Amérique; d'ailleurs dans aucun pays d'Europe on ne trouve de
si bonnes machines que nos trieurs alvéolaires de France. Nous avons vu
que la batteuse livre le grain propre pour la vente; quant à la sélection
des grains de semence, les agriculteurs américains ne semblent pas encore
s'en préoccuper.

Pour la préparation des aliments du bétail, ils emploient des broyeurs,
concasseurs et moulins, mus par un manège direct ou un moteur à vent;
certaines installations pourraient avantageusement être imitées.

On n'emploie pas de coupe-racines. Les hache-maïs sont de l'excellent
type à lames cylindriques, dont la disposition fut indiquée en Angleterre
en 1797 (machine de Salmon) et en 1804 (machine de Passmore de Don-
caster) et dont le type mériterait certainement d'être pris par nos constructeurs nationaux.

Certains hache-maïs à grand travail, mus par la vapeur, sont pourvus
d'un élévateur chargé de transporter les produits coupés.

Il y a à noter quelques appareils à cuire qui ne sont pas aussi perfectionnés que les nôtres; les Américains emploient surtout des appareils pour
réchauffer l'eau nécessaire à la préparation des soupes et des barbotages.

Avant d'examiner brièvement ce qui est relatif à quelques cultures spéciales de l'Amérique, je tiens à donner quelques indications sur les constructions rurales.

Presque toutes les fermes de l'ouest des États-Unis sont établies sur le
même type, et je décris ci-après celles de l'Illinois, ayant eu l'occasion d'en
visiter plusieurs en détail. L'exploitation américaine comprend une série de
bâtiments éloignés les uns des autres, et dispersés dans un enclos ou cour :
1° la maison d'habitation; 2° la grange-fenil, dont le rez-de-chaussée sert
d'étable et d'écurie; 3° la grange à maïs; 4° le grenier, qui fait ordinairement corps avec le hangar aux machines et aux voitures; 5° le moulin à
vent, souvent combiné avec la laiterie; 6° la porcherie, qui consiste généralement en de simples abris disposés dans un angle d'un enclos spécial;
7° le poulailler.

Le bois joue un grand rôle dans les constructions civiles ou rurales de
l'Amérique, et, pour ces dernières, il est employé pour la maison d'habitation comme pour les autres bâtiments, pour les parois verticales comme
pour les couvertures; la maçonnerie se réduit à peu de chose : les fonda-
tions ou soubassements nécessaires n'excédant pas 0 m. 30 ou 0 m. 40 au-
dessus du sol. Cependant quelquefois les maisons d'habitation sont éta-

blics sur caves en maçonnerie, et, dans ce cas, une partie de la cave est aménagée en citerne, chargée de recevoir et d'emmagasiner les eaux pluviales destinées aux besoins de l'alimentation du personnel de la ferme.

Les maisons d'habitation sont établies à doubles parois, espacées de o m. 12 environ, fixées à droite et à gauche d'un pan de bois qui forme l'ossature de la construction. La paroi extérieure est constituée : 1° par un bardage de planches assemblées à rainures et languettes, les joints mis horizontalement; 2° une feuille de papier goudronné ou mieux huilé; 3° à l'extérieur un bardage en planches, à section triangulaire, clouées horizontalement; ces planches (toujours en sapin) ont o m. o85 à o m. og de hauteur, avec une épaisseur de o m. oo5 sur un bord et o m. o13 à o m. o15 sur l'autre; le recouvrement varie de o m. o15 à o m. o2. La paroi intérieure a une épaisseur d'environ o m. o3; on cloue des lattes horizontalement ou obliquement sur les montants du pan de bois, puis on fait un crépi au mortier de chaux hydraulique et sable de rivière, enfin un enduit de plâtre.

La couverture est faite en bardeaux de bois, rectangulaires, d'une largeur variable, d'une hauteur de o m. 4o; en section, le bardeau a un profil triangulaire (avec o m. o1 de base); horizontalement, les joints des deux assises consécutives se découpent au moins à o m. o4 ou o m. o5 de distance.

Les planchers sont formés de solives; la portée est de 4 mètres à 4 m. 5o; la section des bois est de o m. 24 × o m. o4 à o m. o5; l'écartement des pièces est de o m. 4o environ, mais on a soin de consolider le travail par des entretoises ou croix de Saint-André, clouées entre les solives et au milieu de leur longueur.

Dans les constructions bien installées, il y a dans la cave une chaudière, appelée *fournaise,* et le chauffage de l'habitation se fait à l'eau chaude; dans chaque pièce, il y a un certain nombre de tuyaux verticaux, en fonte, dans lesquels circule l'eau chaude.

La cave comprend souvent, comme nous l'avons dit, une citerne destinée à recueillir et emmagasiner les eaux pluviales; elle est divisée en deux parties par un mur en briques spéciales chargées de jouer le rôle de filtre.

En vue d'aérer cette eau, qui sert aux services de lavage, blanchissage, etc., ainsi qu'à la consommation, les constructeurs américains ont établi des norias et des pompes qui permettent de refouler de l'air dans l'eau de la citerne. A ce sujet, la noria est plus simple que la pompe à pis-

ton; les godets, en descendant, entraînent de l'air qu'ils laissent échapper
à la partie inférieure de leur course; pour éviter le balancement et pour
tendre la chaîne, cette dernière passe à sa partie inférieure sur une couronne en fonte. N'y a-t-il pas lieu de craindre, avec ce système, une infec-
tion de l'eau?

La grange-fenil est généralement établie sur le principe suivant : la construction rectangulaire a une ou deux grandes portes sur la façade; le comble
est surmonté d'un ventilateur en pavillon. Le rez-de-chaussée est occupé par
l'étable ou l'écurie, et lorsque la configuration du sol le permet, ces locaux
communiquent directement à l'extérieur, en arrière ou sur le côté du bâtiment; le premier étage, également de plain-pied avec le sol, sert de grange
et de fenil.

Les écuries et étables ont un plancher; les baies d'ouverture sont garnies de toiles métalliques pour empêcher l'introduction des moustiques.
Dans les grandes fermes, les écuries se trouvent quelquefois au-dessus de
l'étable; dans ce cas le plancher est double et entre les deux panneaux de
bois on intercale une feuille de papier goudronné. Dans les grandes écuries d'élevage, les chevaux sont logés dans des box; ailleurs, ils sont
deux par deux dans des stalles à séparations fixes.

Les bêtes bovines ne passent que la nuit à l'étable, le jour elles sont
en liberté dans les champs ou dans une prairie permanente voisine où sont
installés de trop grands râteliers pour l'affouragement. Les animaux n'ont
pas de litière, ils sont sur un plancher, et leur mode d'attache est très
simple : la tête est prise entre deux barreaux de bois, verticaux, espacés de
o m. 20 environ; aussi les animaux occupent-ils le minimum d'emplace-
ment, mais sont condamnés à une immobilité presque complète.

Les fourrages sont placés au-dessus et à côté des animaux, et cette disposition est nécessitée par les hivers rigoureux de l'Amérique : le fourrage,
peu conducteur de la chaleur, empêche l'abaissement de la température
de l'étable et de l'écurie; le ventilateur placé sur le comble du bâtiment,
ne sert que pendant l'été pour empêcher l'échauffement du foin.

Le foin est engrangé à l'aide d'appareils spéciaux très intéressants, et
il serait à souhaiter de les voir se propager en France, où l'on a tenté, sans
succès, leur introduction à plusieurs reprises.

Les cages à maïs (corn-crib) sont à claire-voie, formées de liteaux en
bois espacés de o m. o3 à o m. o4, cloués horizontalement sur un pan de
bois; les épis de maïs, sans leurs spathes, sont jetés pêle-mêle dans ces

cages, d'où on les extrait par des ouvertures latérales, pour les égrener au
fur et à mesure des besoins de la ferme.

Pour le maïs destiné à la vente, on l'égrène tout de suite après la récolte dans des machines puissantes, souvent mues à la vapeur, et dans ce
cas on l'emmagasine en plein champ dans des *corn-cribs* portatifs; ceux de
Adam, qui figuraient à l'Exposition, sont cylindriques, formés de lames de
bois verticales (à section trapéziforme), reliées par des fils de fer comme
un treillage ordinaire; une partie mobile sert de porte de vidange. La
hauteur est d'environ 2 m. 60, le diamètre varie de 4 à 8 mètres, et la capacité de 180 à 720 hectolitres; pour ces deux dimensions extrêmes, les
poids sont de 150 à 300 kilogrammes, et les prix de 60 et 120 francs.
On en fait de semblables pour emmagasiner les grains en plein champ, et
dans ce cas les barreaux sont presque jointifs; la capacité de ces greniers
varie de 180 à 360 hectolitres; ils pèsent de 400 à 750 kilogrammes, et
avec le toit à deux pentes, dont une des faces a une ouverture pour l'em-
magasinage, le prix est de 225 à 325 francs.

Le maïs coupé est mis dans des silos quelquefois annexés à la ferme. Ce
sont des constructions rectangulaires, en bois, ayant 2 mètres environ de
profondeur et 6 à 7 mètres de hauteur au-dessus du sol; la façade est per-
cée d'un certain nombre d'ouvertures qui servent à la fois aux chargements
(par un élévateur à courroies et tasseaux) et aux déchargements. Les pa-
rements sont à double paroi, en bois embouveté, mis horizontalement;
entre les panneaux de bois et les poteaux du pan de bois (qui a 0 m. 12 à
0 m. 18) on a soin d'intercaler une couche de papier ciré ou goudronné.

Il n'y a rien de particulier au sujet de la grainerie; les quelques grains
conservés à la ferme sont logés dans des coffres en bois; le hangar aux
machines et aux voitures, qui se combine souvent avec la grainerie, est
très élémentaire. Du reste, en Amérique, on soigne aussi peu les instruments qu'en France, et peut-être même moins : le temps coûte trop cher.
Les machines sont abandonnées souvent dans un coin de la cour ou dans
les champs mêmes où on les laisse facilement passer l'hiver.

L'insuffisance des locaux se fait plus sentir dans les petites exploitations;
vers Fort Wayne et Plymouth, dans l'Ohio comme dans l'Indiana, l'Illinois
et ailleurs, les fermes sont souvent dans les villes(!) et le matériel agricole
reste dehors, devant la maison, dans les avenues de ces villes ou villages.

Le poulailler est toujours à part; cette partie de l'exploitation, la *poultry house*, est bien soignée : dans une cour spéciale se trouve la construction divisée en compartiments affectés à l'élevage, à l'engraissement, aux couveuses.

Les porcheries sont très simples; ce sont des abris planchéiés (il n'y a pas de litière) où les porcs sont mis en commun; l'abri communique avec une cour, en partie planchéiée et quelquefois avec une prairie naturelle. Il y a toujours dans la cour une mare peu profonde, avec des parois en bois; la mare est alimentée continuellement par une petite quantité d'eau.

Pour les cultures de tabac et les cultures maraîchères (qui se font en grande culture dans les États de l'Est, depuis la South Carolina jusqu'au Massachusetts), on emploie des machines très curieuses pour la transplantation des jeunes plants.

Dans les États qui bordent le Pacifique : Washington, Oregon, Californie, ainsi qu'en Floride, où les cultures arbustives sont très répandues, nous trouvons l'emploi de certaines machines originales : comme, par exemple, des chariots montés sur quatre roues, pourvus d'une grue, pour recouvrir un arbre entier d'une sorte de cloche en toile, sous laquelle on fait des fumigations en vue de détruire les insectes; des pulvérisateurs à dos d'homme ou à grand travail, montés sur chariots. Mais si l'invention de l'organe pulvérisateur est due à l'éminent entomologiste américain Riley, il faut convenir que les pulvérisateurs des États-Unis sont bien loin de valoir les nôtres.

La culture de la betterave a depuis longtemps préoccupé l'administration américaine. On a construit des machines spéciales copiées sur les nôtres : semoirs, houes, arracheurs; mais il faut dire que les constructeurs ont pris modèle sur nos plus mauvaises machines; j'ai pu voir également des arracheurs qui me paraissent bien compliqués pour effectuer leur travail. La culture de la betterave à sucre ne me paraît pas devoir prendre une grande extension en Amérique par suite du prix trop élevé de la main-d'œuvre.

Dans le Nebraska on effeuille la betterave en lâchant un troupeau de moutons dans le champ. On retrouve cette pratique dans l'État de New-York, où la culture du sorgho est tentée dans plusieurs comtés. Les tiges du sorgho sont broyées dans des moulins à manège direct, formés de deux

IMPRIMERIE NATIONALE.

ou trois cylindres en fonte à axes verticaux; ces moulins sont généralement établis en plein champ, sous un léger abri.

Le sirop est évaporé dans des bassines rectangulaires de 0 m. 80 à 1 mètre de largeur, de 0 m. 10 à 0 m. 15 de profondeur et de 2 à 3 mètres de longueur; cette bassine, chauffée à feu nu (c'est généralement la bagasse qui sert de combustible), est divisée en plusieurs compartiments par des cloisons transversales, le jus est mis du côté de la cheminée, et la mélasse se retire par des cuillers du côté du foyer.

La culture du sorgho ne tend guère à se répandre, par suite du grand prix de la main-d'œuvre nécessaire lorsqu'il s'agit de préparer la récolte pour l'expédier aux grandes usines; il faut la débarrasser de ses feuilles et n'envoyer que la canne. Aussi a-t-on souvent recours au procédé suivant : le sorgho est cultivé comme le maïs, les lignes sont à 1 mètre d'écartement et les poquets à 1 mètre environ sur les lignes; au moment de la récolte, on met des moutons dans le champ; ils cassent les cannes et mangent les feuilles; ce sont des cannes plus ou moins abîmées, et débarrassées de leurs feuilles, qu'on met en bottes pour les expédier sur le marché.

La culture du coton est surtout importante dans l'État du Mississipi, où se trouvent de grandes factoreries, notamment à Jackson.

Actuellement la récolte du coton est faite à la main et surtout par les noirs, qui constituent la majeure partie de la population ouvrière de l'État. On a cherché, et l'on cherche encore, des moissonneuses à coton; plusieurs tentatives ont été faites sans être couronnées de succès.

Une fois le coton récolté, on sépare les graines de la matière textile (opération désignée en Amérique sous le nom de *gin*) à l'aide de machines qui figuraient à la *World's Fair*. En principe, ces machines se composent de scies circulaires, à denture fine, parallèles, qui déchiquettent la marchandise; une brosse rotative est située en arrière; les graines, qui ont la grosseur d'un petit haricot, tombent entre les scies et la brosse, tandis que le textile, entraîné par la brosse rotative (qui tourne dans le même sens que les scies), s'échappe de la machine en large nappe.

Dans les factoreries importantes le transport, dans l'usine, du coton à *giner* ou *giné* se fait dans des conduits en bois où se meuvent des toiles sans fin; souvent l'élévation du coton se fait par un courant d'air fourni par un ventilateur.

Le coton débarrassé des graines est mis en balles parallélépipédiques;

il est tassé régulièrement par des tasseurs mécaniques à mouvements alternatifs, puis comprimé par une presse à vis ou hydraulique.

Les balles sont entourées d'un tissu grossier en toile à gros canevas, puis serrées par huit ou dix bandes de fer feuillard.

Ces balles, chargées sur la périphérie de ces grands bateaux, qui font le service du Mississipi, leur donnent l'aspect de grandes maçonneries flottantes en pierres de taille.

De la graine de coton on extrait de l'huile et le tourteau est employé comme aliment pour le bétail, il vient jusque sur nos marchés d'Europe, et en particulier de France, faire concurrence au tourteau de coton d'Égypte.

La grande prospérité de la Louisiane provient des cultures de riz, de coton et de canne à sucre.

La culture du riz est favorisée par le climat, la configuration et la nature du sol, notamment dans les comtés du Sud (le sol est silico-argileux et le sous-sol est une argile compacte); les eaux abondantes provenant des nombreux cours d'eau ou des puits artésiens sont obtenues par des dérivations, des pompes ou des moulins à vent. De novembre à juillet, on peut préparer le sol; on a les mois de mars, avril, mai et juin pour les ensemencements; la récolte s'effectue en août, septembre, octobre ou novembre. Ordinairement les semailles de mars se récoltent en août-septembre; celles de juin, en octobre-novembre. Les premières récoltes de riz, dans la Southern Louisiana, ont eu lieu le 29 juillet en 1888, le 1er août en 1889, le 31 juillet en 1890, le 31 août en 1891.

Le riz est semé à raison de 90 litres par hectare, soit 55 kilogrammes environ; quand la plante atteint 0 m. 20 à 0 m. 30 de hauteur, on irrigue par submersion en donnant une couche d'eau de 0 m. 10 à 0 m. 20 d'épaisseur. Les labours se font à l'aide d'araires très simples tirés par des mules ou des bœufs.

La récolte, qui se faisait autrefois à bras, s'effectue aujourd'hui à l'aide de machines dont plusieurs spécimens figuraient à l'Exposition; ce sont des moissonneuses-lieuses à élévateur (comme les machines pour le blé); la seule différence réside dans la roue motrice qui est plus large, et dont la jante est garnie de pièces formant saillie de 0 m. 08 à 0 m. 10 environ afin de faciliter son adhérence avec le sol encore mou à l'époque de la récolte; la grande largeur donnée à la roue motrice (et à la roue du tablier) a pour but de diminuer l'enfoncement de la machine. Ces moissonneuses-lieuses sont tirées par des bœufs ou des mules; souvent il y a un attelage de 4 bœufs à la flèche et 2 mules en avant. Le battage de la récolte s'effectue à la vapeur dans des batteuses analogues à celles qui sont en usage pour le blé.

La première moissonneuse-lieuse fut employée en Southern Louisiana en 1884; en 1885, on comptait déjà 5 machines, et leur nombre a été en augmentant : il y avait 50 moissonneuses-lieuses à riz en usage en 1886; 200 en 1887; 400 en 1888; 1,000 en 1890; 2,000 en 1891; 3,000 en 1892.

L'extension donnée à la culture du riz dans cet État est encore démontrée par les chiffres provenant de la Compagnie du chemin de fer du Southern Pacific qui, en 1886, transporta 1 million de kilogrammes de riz; en 1887, ce chiffre s'éleva à 2 millions de kilogrammes; puis à 8 millions de kilogrammes en 1889; 30 millions de kilogrammes en 1890; 90 millions de kilogrammes en 1891; et 150 millions de kilogrammes en 1892.

On emploie des machines à décortiquer et à glacer le riz, elles sont analogues aux machines pour décortiquer le café, lesquelles peuvent intéresser nos cultures coloniales.

Il y aurait encore beaucoup à dire, dans cette vue d'ensemble, sur les palonniers d'attelage, sur les manèges à plan incliné, les moteurs à air chaud, les machines pour les travaux de terrassements et de drainage, les appareils de transports si légers grâce à l'emploi du hickory, etc.

En résumé, il ressort de cet aperçu général que les machines américaines étonnent surtout par leurs dimensions ou par leur nombre dans les exploitations agricoles; ces systèmes perfectionnés comme construction, s'appliquent, à l'inverse de chez nous, à des procédés de culture souvent rudimentaires. Comme dans nos régions pauvres, on emploie peu ou pas d'engrais, on sème à la volée, etc., mais ce qui se fait chez nous à bras s'effectue là-bas à l'aide d'attelages. Pour ma part, je crois que notre agriculture nationale n'a pas à se décourager; quand on suit le développement si rapide des engrais chimiques qui ont pour effet d'augmenter les rendements et celui de nos machines perfectionnées qui permettent de diminuer le prix de revient des travaux, on peut prévoir que, dans un avenir rapproché, nos cultivateurs n'auront plus à redouter la concurrence des produits américains.

TABLE DES MATIÈRES.

COMMISSARIAT SPÉCIAL DE L'AGRICULTURE

COMITÉ 4
La Sylviculture française à l'Exposition de Chicago

RAPPORT DE M. FETET
CONSERVATEUR DES FORÊTS À VESOUL

COMMISSAIRE RAPPORTEUR

COMITÉ 4.

LA SYLVICULTURE FRANÇAISE

À L'EXPOSITION DE CHICAGO.

EXPOSANTS FRANÇAIS.

Le *Forestry Building*, dans lequel étaient exposés les collections, échantillons, instruments, produits de toutes sortes, etc. relatifs aux forêts, couvrait une superficie de 528 pieds anglais sur 208, soit environ 10,116 mètres carrés. La France occupait pour son compte, au centre de ce grand rectangle et bordant l'allée médiane, une surface de 45 pieds 6 sur 24 pieds, soit 101 m. q. 80.

Deux cloisons, établies parallèlement dans un sens perpendiculaire à l'allée, avaient été tendues d'andrinople et servaient d'appui sur chaque face aux collections qu'elles faisaient avantageusement ressortir.

Les exposants français étaient :

La Direction des forêts ;
L'École nationale forestière de Nancy ;
L'École secondaire des Barres ;
MM. Barrier, de Courville (Eure-et-Loir) ;
    Dubosc, au Havre ;
    Coez-Langlois, au Havre ;
    Huant-Hourdeaux, à Vouziers (Ardennes) ;
    Mougenot, rue de Charonne, 34, à Paris ;
    Nazarian frères, rue de Reuilly, 41, à Paris ;
    Lemaire fils et Dumont, rue Meslay, 59, à Paris ;
    le docteur Jeannel, à Villefranche-sur-Mer.

Je vais passer successivement en revue ces différentes expositions dans l'ordre de leur inscription.

1. *Ministère de l'agriculture, Direction des forêts.*

Le Service des forêts avait exposé 20 tableaux renfermant des photographies, vues ou dessins relatifs aux travaux de reboisement ou à l'extinction des torrents. La plupart de ces tableaux, qui sont catalogués, ont déjà figuré à des expositions antérieures; je ne ferai donc que les mentionner :

a. Un tableau, n° 65, renfermant douze épreuves photographiques. État de terrains dégradés et travaux entrepris dans le goulot de la Combe.

b. Un deuxième tableau, même n° 65, renfermant 12 épreuves. Travaux de consolidation en maçonnerie, éboulements sur le même torrent.

c. Un troisième tableau de 12 épreuves, même n° 65; autres travaux de consolidation.

d. Un quatrième tableau de 4 épreuves, même n° 65, présentant des profils de falaises et des cônes de déjection.

e. Un tableau de 11 photographies, n° 54, correction des torrents de la Bérarde et de Riou-Chanal.

f. Un tableau n° 20, représentant la vallée de l'Ubaye. Panorama du cône et du bassin.

Torrent de Rioux-Bourdoux, 2 photographies.

g. Un tableau n° 65, renfermant 11 photographies. Barrages, cônes de déjection, correction de torrents.

h. Un tableau renfermant 4 photographies. Vue en raccourci des groupes du tableau n° 65.

i. Un lavis représentant l'Observatoire météorologique édifié au mont Aigoual (Gard).

k. Le torrent du Bourget, 6 photographies.

l. Carte de la région des Alpes françaises à l'échelle de $\frac{1}{200,000}$, par M. Lafosse. Des teintes indiquent le sol à l'état boisé et les terrains qui sont à restaurer.

m. Une vue n° 25, du torrent du Bourget et de son cône de déjection (lavis).

n. Le torrent de la Valette, trois photographies, n° 53.

o. Le torrent de Sanières, quatre photographies, n° 55.

p. Un tableau, n° 17, de huit photographies (vallée de la Durance) et quatre autres [vallées de la Haute-Bléonne et de l'Asse (Basses-Alpes)].

q. Une aquarelle, n° 3o, par Gabin [torrent du Laou-d'Esbas (Haute-Garonne)].

r. Un levé topographique, avec teintes, du torrent d'Arbonne, n° 38.

s. Un tableau, sans numéro, de 7 photographies, concernant les travaux de Péguère.

t. Un tableau de 3 photographies (mêmes travaux).

u. Un tableau de 2 photographies (mêmes travaux).

Ces différents tableaux ne paraissaient pas attirer suffisamment l'attention du public américain, pour lequel la question du reboisement est encore à peu près inconnue. L'exposition abondait d'ailleurs en vues et photographies de toutes sortes, et celles qui se rapportaient aux forêts vierges de l'Ouest, à l'exploitation des immenses séquoias dans l'État de Californie, à leur chargement sur des trains attelés de 15 paires de bœufs, aux chantiers de scieries encombrés de pyramides de billes et sillonnés de voies ferrées, étaient regardées de préférence.

2. ÉCOLE NATIONALE FORESTIÈRE DE NANCY.

Elle avait envoyé les ouvrages et publications ci-après :

1° *Estimation en matière de forêts,* par A. PUTON (1886);
2° *Traité d'économie forestière,* par le même (1888);
3° *Traité d'aménagement,* tome I, par le même (1890);
4° *Traité d'aménagement,* tome II, par le même (1891);
5° *Traité de technologie forestière,* par M. BOPPE (1887);
6° *Traité de sylviculture,* par le même (1889);
7° *Les forêts lorraines jusqu'en 1789,* par M. GUYOT (1886);
8° *Le chêne-liège,* par M. LAMEY (1893);
9° *Restauration des montagnes,* par M. THIÉRY (1891);
10° *Les arbres et les peuplements forestiers,* par M. HUFFEL (1893);
11° *La flore forestière,* par A. MATHIEU, 3ᵉ édition (1877).

Ces ouvrages, qui sont l'éloquent témoignage des hautes études faites pendant ces dernières années à l'École de Nancy, n'étaient pas exposés; ils étaient dissimulés sous la table et le rideau d'andrinople, afin de les soustraire à la rapacité des visiteurs que rien n'arrête. J'ai prié qu'on mît une affiche en anglais donnant leur nomenclature et annonçant qu'ils seraient mis sur demande à la disposition de ceux qui voudraient les compulser.

La même école expose 3o rondelles, panneaux d'écorce, ou canons de chêne-liège, de provenance d'Algérie, de Corse, du Var ou des landes de Gascogne, savoir :

Une rondelle de o m. 67 de diamètre, chêne non démasclé (forêt de Kroumirie).

Une rondelle de o m. 22 de diamètre, arbre de 25 ans, revêtu de son liège mâle (Corse).

Une rondelle de o m. 35 de diamètre, liège de reproduction de 10 ans (forêts des Maures).

Un plateau de o m. 51 de largeur sur o m. 025 d'épaisseur, liège de commerce d'Algérie.

Un panneau d'écorce, liège de reproduction de 1 an, épaisseur de o m. 005 (Algérie).

Un autre panneau, liège de reproduction de 3 ans, épaisseur o m. 01 (Algérie).

Un autre panneau, liège de reproduction de 5 ans, épaisseur o m. 027 (Algérie).

Un autre panneau, liège de reproduction de 6 ans, épaisseur o m. 030 (Algérie).

Un autre panneau, liège fin de 7 ans, épaisseur o m. 028 (Algérie).

Un autre panneau, liège neuf de 10 ans, épaisseur o m. 040 (Algérie).

Un autre panneau, liège ordinaire de 12 ans, épaisseur o m. 046 (Algérie).

Une planche de chêne bouilli de 8 ans, deuxième qualité, épaisseur o m. 030 (Gascogne).

Une planche de chêne bouilli de 8 ans, première qualité, épaisseur o m. 033 (Maures).

Un canon de chêne-liège brut de reproduction, épaisseur o m. 027 (Maures).

Un échantillon de liège mâle récolté sur un arbre de 200 ans (Algérie), l'écorce pleine de cavités et de gerçures profondes est inutilisable.

Un échantillon de chêne-liège mâle de o m. 065 d'épaisseur, inutilisable (Algérie), le liège est gerçuré jusqu'à l'aubier.

Un échantillon de liège gras d'Algérie, épaisseur o m. 035.

Un échantillon de liège d'émeri d'Algérie, épaisseur o m. 034.

Un échantillon de liège bouilli, première qualité, épaisseur o m. 029 (Porto-Vecchio).

Un échantillon de liège bouilli, surfin, de o m. 030 (Porto-Vecchio).

Un échantillon présentant les galeries du *Corœbus undatus* dans le liège mâle (arbre non démasclé, épaisseur o m. o2 5).

Un échantillon présentant les galeries du même insecte dans le liège de reproduction, épaisseur o m. o3 2. Galeries avec poussière de vermoulure sur la surface intérieure.

Un échantillon présentant les galeries de la *Formica ligniperda* dans le liège (Provence).

Un spécimen de liège gras avec doubliers, épaisseur o m. o1 o et o m. o2 8, soit deux formations superposées.

Un échantillon tranché verticalement dans le sens des fibres, avec écorce sur les deux faces de o m. 64 de largeur sur o m. o47 d'épaisseur; chêne non démasclé (Kroumirie).

Chêne occidental, une rondelle de o m. 43 de diamètre; liège de reproduction de 8 ans (landes de Gascogne).

Même chêne, liège brut en canon de 8 ans; deuxième qualité, épaisseur o m. o35 (Landes).

Même chêne, liège bouilli en planche de 8 ans, troisième qualité, épaisseur o m. o3o (Gascogne).

Même chêne, liège bouilli, deuxième qualité, épaisseur o m. o3o (Gascogne).

Tous ces échantillons sont très beaux et étaient bien choisis pour faire comprendre les différentes phases de la formation du liège et montrer les ravages des insectes qui attaquent celui-ci.

3. ÉCOLE SECONDAIRE DES BARRES.

L'École secondaire des Barres avait envoyé:

1° La collection en 38 échantillons de o m. 3o × o m. 19 × o m. o6 des bois des principales essences croissant spontanément en France; ces échantillons sont vernissés;

2° Une collection de cônes d'arbres résineux renfermant 154 exemplaires;

3° Une très belle collection de semences et de graines en flacon de quatre grandeurs différentes; ces flacons sont au nombre de 613.

Un trait bleu sur l'étiquette, tiré soit verticalement, soit obliquement, deux traits en croix indiquent si les essences sont indigènes, exotiques, acclimatées aux Barres ou en Algérie;

4° Un germinateur à pétrole pour éprouver la qualité des graines résineuses, appareil établi par M. Pierret, inspecteur adjoint.

A l'étage inférieur, un réservoir à pétrole alimentait une lampe qui peut brûler pendant quarante-huit heures. Celle-ci chauffe l'étage supérieur formé de deux bassins superposés, l'inférieur rempli d'eau dans lequel plongent des tubes d'absorption en cuivre jaune de différentes longueurs, ouverts au sommet, fermés en bas, mais percés de petits trous par lesquels la vapeur d'eau pénètre. Celle-ci se répand dans le bassin supérieur, divisé en cases garnies d'une couche plus ou moins épaisse de sable, c'est là que la germination des graines a lieu. Une glace en verre et une couverture en flanelle protègent cette caisse de germination contre le refroidissement. On obtient avec cet appareil, qui paraît très ingénieusement conçu, mais que je n'ai pas vu fonctionner, une température constante de + 24 degrés à + 30 degrés, celle de l'air ambiant étant en moyenne de + 5 degrés;

5° Deux échelles d'élagueur, de 3 m. 20 environ de hauteur, en bois de chêne. Les échelons sont articulés sur des chevilles en fer, de telle sorte qu'un des montants se replie sur l'autre, le pénètre et que l'ensemble ne forme plus qu'une seule tige.

Les montants sont évidés à l'intérieur, pour le logement des échelons, pendant le repliage.

Cet instrument est ainsi rendu très portatif pour traverser les taillis.

4. M. Barrier, de Courville (Eure-et-Loir).

M. Barrier est l'auteur d'un traité en deux volumes intitulé : *Petits remèdes par un végétarien,* dans lequel il donne, pour la guérison de la plupart des maladies, des formules dont les simples forment la base.

Il exposait, outre ce traité, 9 boîtes en carton renfermant des herbes ou fleurs mélangées d'après ses principes, savoir:

1ʳᵉ FORMULE. — *Bronchite et autres maladies des voies respiratoires.*

Aigremoine, lierre terrestre, serpolet, argentine, sanicle, centaurée, feuilles de persil, tussilage, feuilles et fleurs.

2ᵉ FORMULE. — *Stomachique.*

Aigremoine, lierre terrestre, mélisse, argentine, sanicle, centaurée, feuilles de fenouil.

3ᵉ FORMULE. — *Dérivative.*

Aigremoine, lierre terrestre, verveine, argentine, sanicle, centaurée, feuilles de fenouil.

9ᵉ FORMULE. — *Contre hémorragies et pertes.*

Aigremoine, lierre terrestre, argentine, sanicle, centaurée, feuilles de fenouil, mille-feuille, capillaire.

10ᵉ FORMULE. — *Dépurative.*

Argentine, sanicle, fumeterre, pensée sauvage, saponaire.

13ᵉ FORMULE. — *Antinévralgique.*

Aigremoine, lierre terrestre, argentine, sanicle, centaurée, armoise, feuilles de fenouil, mélisse, menthe poivrée, bardane (feuilles).

14ᵉ FORMULE. — *Anti-rhumatismale.*

Aigremoine, lierre terrestre, argentine, sanicle, centaurée, feuilles de fenouil, mélisse.

16ᵉ FORMULE. — *Fébrifuge.*

Aigremoine, lierre terrestre, argentine, sanicle, centaurée, armoise, feuilles de fenouil, mille-feuille (fleurs).

19ᵉ FORMULE. — *Ordinaire.*

Aigremoine, lierre terrestre, argentine, sanicle, centaurée, armoise, feuilles de fenouil, feuilles de tussilage et de guimauve.

M. Barrier a composé aussi une tisane, qui porte son nom et qu'il qualifie de dépurative, vulnéraire, diurétique, vermifuge, calmante, fébrifuge, apéritive, tonique, reconstituante.

Ces différents remèdes sont préparés par M. Lefebvre, pharmacien, lauréat de l'École supérieure de pharmacie, à Illiers (Eure-et-Loir), et la boîte se vend au prix uniforme et très accessible de 1 fr. 20.

L'appréciation du système préconisé par M. Barrier est plutôt du ressort de l'Académie de médecine que de la sylviculture.

Tout ce que je puis constater, c'est qu'il poursuit son but, qu'il déclare plus humanitaire que commercial, avec une foi d'apôtre, s'adressant aux notabilités, docteurs, chimistes, botanistes, Assistance publique, établissements hospitaliers, Société française d'hygiène, etc., multipliant les exemples de guérison et les attestations à l'appui.

« Il importe, dit-il, de vulgariser la connaissance des plantes et il est à souhaiter que chaque maison ait sa petite provision de simples. On en usera avec prudence en attendant le médecin, on les aura sous la main pour les employer suivant les prescriptions. »

5. *M. Dubosc*, au Havre.

M. Dubosc a fondé en 1861, au Havre, la première usine ayant pour objet l'extraction des bois de teinture, et sa maison a pris depuis un développement exceptionnel.

Il exposait en 1893, à Chicago :

1° Dix-huit échantillons de bois tinctoriaux, savoir :

Jamaïque (plantations).	Coupe d'Espagne.
Fustel.	Jaune Cuba.
Fort Liberté.	Châtaignier.
Bahia houda.	Honduras.
Rouge Sainte-Marthe.	Rouge Bahia.
Colliatour.	Jaune (centre de l'Amérique).
Santal.	Quebracho.
Fernambouc.	Monte-Christi.

2° Des châssis en forme de boîtes rectangulaires contenant des extraits concrets de ces différents bois, savoir :

Cachou épuré, foncé.	Quebracho prima.
Rouge Lima n° 1.	Fustel.
Quebracho décoloré.	Quercitron.
Cachou pur noir.	Campêche n° 1.
Châtaignier.	Hématine.
Sumac.	Et trois châssis sans étiquettes.

3° Trente-cinq flacons contenant des liquides colorants :

Graine de Perse, 30° (noir).	Flavine (gris jaune).
Laque fustel, 30° (jaune).	Morine (gris jaune).
Fustel, 30° (gris).	Châtaignier 20°, soluble (noir).
Laque jaune de Cuba (jaune).	Châtaignier 30°, soluble (noir).
Laque de graine de Perse (jaune).	Sumac (Sicile) 30°, soluble (noir).
Laque de jaune végétal (confiserie).	Bahia-houda 20°, soluble (noir).
Jaune prima, 30° (orange).	Rouge Lima 30°, prima (marron).
Jaune pour vert, 30°.	Rouge Sainte-Marthe prima 30°.
Cuba pour impressions, 20° (orange).	Laque de Lima (rouge andrinople).
Fleur de Cuba, 30° (orange).	Campêche pour impressions 20° (noir).
Laque de quercitron.	Campêche pour impressions 30° (noir).
Quercitron prima, 30° (brun).	Campêche prima, 30° (noir).
Rhamnétine (gris jaune).	Campêche pur, 26° (noir).

Campêche qualité extra, 30° (noir).
Noir direct pour impressions.
Laque ponceau à la cochenille (rouge).
Laque violette à la cochenille (violet).

Quebracho prima, 30° (noir).
Quebracho soluble froid, 20° (noir).
Quebracho décoloré (noir).

4° Douze flacons de poudres ou de copeaux plus ou moins fins :

Curcuma (jaune).
Quercitron (jaune).
Jaune coupe en bout (jaune).
Jaune mouture fine (jaune).
Colliatour mouture (marengo).
Fluysaudal (vermillon).
Santal mouture (brun).

Lima mouture (brun).
Campêche mouture fine (brun).
Campêche papillotes, copeaux (rouge jaunâtre).
Hématine en poudre (brun noir).
Campêche effilé (copeaux fins).

5° Deux vues photographiques des usines du Havre et de Mulgraben-Riga (Russie).

La maison Dubosc est, dans sa spécialité, la plus importante de France; c'est même peut-être la plus considérable qui soit dans le monde entier.

Elle occupe 400 ouvriers, sa puissance de vapeur est de 2,800 chevaux et ses machines-outils, au nombre de 60, développent un travail de 1,500 chevaux-vapeur.

La quantité des bois qui entrent dans les établissements de M. Dubosc pour y être triturés et décolorés, réduits en poudre pour le tannage n'est pas moindre de 60,000 tonnes par an.

M. Dubosc est parvenu par des perfectionnements apportés à son outillage, par la stricte économie qui préside à l'administration de sa maison, à réduire dans une proportion considérable le prix de livraison de ses extraits; ceux de campêche notamment ont baissé de 230 francs les 100 kilogrammes à 90 francs et moins. Il a pu, dans cette situation, devenir grand exportateur et faire résolument concurrence aux Américains qui, plus près des lieux de production, tenaient le marché.

Aujourd'hui les produits de la maison Dubosc sont exportés dans le monde entier et les hautes récompenses que celle-ci a obtenues dans toutes les Expositions témoignent de l'estime qu'ils ont su conquérir.

M. Dubosc revendique aussi la découverte des propriétés du quebracho colorado au point de vue du tannage et de la teinture; il aurait, le premier en Europe, importé ce bois, dont la République Argentine expédie aujourd'hui pour 10 millions de francs, principalement sur les ports du Havre, Anvers, Brême, Hambourg.

6. *MM. Coez-Langlois*, au Havre.

Cette maison exposait :

1° Dans une vitrine des extraits concrets en boîtes destinés à la teinture, savoir :

Hématine, 2 boîtes.

Campêche prima, 2 boîtes.

Rouge prima, 2 boîtes.

Jaune excelsior, 2 boîtes.

Au centre de la vitrine une grande caisse de campêche prima.

2° Des flacons de poudre, au nombre de trois :

Hematine powder.

Tannic acid.

Hematine crystall.

3° Dix flacons d'extraits liquides, savoir :

Hématine, 51° (noir).

Pure sicily sumac extract, 51° (noir).

Fustic extract excelsior, 51° (jaune).

Wild extract J, 42° (noir).

Fustic extract R, 51° (jaune).

Didivi extract, 51° (noir).

Persian Berry carmine, 51° (jaune).

Fustic carmine, 51° (noir).

Quebracho extract, 42° (noir).

Annoto carmine, 42° (rouge).

Limawood extract, 51° (noir).

Catechu extract, 42° (noir).

Fustic extract diamond, 51° (jaune).

Hypernic extract, 51° (noir).

Direct black for cotton (noir).

4° Enfin dans une vitrine, des laines teintes, à l'état brut, à l'état filé, des étoffes teintes.

La maison Coez-Langlois n'avait pas une exposition aussi importante que celle de la maison Dubosc, qui est d'ailleurs beaucoup plus considérable; elle jouit cependant d'une considération particulière, car elle a obtenu de nombreuses récompenses, notamment aux Expositions de Paris 1885, Londres 1862, Vienne 1873, Paris 1878, et enfin une médaille d'or à l'Exposition universelle de 1889 (Paris).

Les deux industries qui précèdent ne traitent que des bois exotiques importés du Mexique, des Antilles, du Brésil, de la République Argentine, de l'Amérique du Nord, des Indes Orientales et de l'Afrique. Elles devraient plus logiquement être classées aux produits chimiques.

L'absence de représentants pouvant donner des renseignements, de notices explicatives, ne m'a pas permis de me former une opinion éclairée sur la valeur respective de ces différents produits.

7. M. HUANT-HOURDEAUX, à Vouziers.

C'est en 1873 que M. HUANT-HOURDEAUX a installé à Vouziers son industrie consistant dans la production de l'osier et la fabrication de la vannerie. Modeste au début, cette maison a acquis rapidement une grande importance puisqu'elle n'emploie pas moins de 600 ouvriers et qu'elle fait un chiffre d'affaires de 800,000 francs, dont un tiers en articles d'exportation.

M. Huant-Hourdeaux exposait :

1° Six paquets d'osier brut, non écorcé, chacun de différentes tailles;
2° Six autres d'osier écorcé, chacun de différentes tailles;
3° Six paquets d'osier rouge, fendu en éclisses, à l'usage des tonneliers;
4° Des articles en vannerie, de première nécessité, consistant en :
Paniers de marché, à anse, sans couvercle;
Paniers de maçon, à anse, avec couvercle;
Paniers de boucherie, à anse, avec ou sans couvercle;
Paniers à linge de ménage;
Paniers pour blanchisseuses, ajourés;
Éclisses à fromage;
Éclisses à galette;
Des paniers à cribler l'avoine ou le grain;
Des vannettes à son;
Des paniers à bouteilles;
Des corbeilles à papier;
Et en objets d'un usage plus recherché :
Des paniers de voyage à la main;
Des cages à étourneaux;
Plusieurs malles-valises;
Des barcelonnettes de toutes tailles, de toutes formes avec capotes fixes ou mobiles;
Quatre fauteuils de jardin en osier blanc.

Tous ces paniers, barcelonnettes, etc., gradués comme grosseur, s'emboîtent les uns dans les autres jusqu'au nombre de dix ou quatorze, ce qui indique dans la fabrication une grande précision qu'on ne constate pas chez les exposants étrangers.

J'ai remarqué, en outre, des formes à pain (une à couronne, l'autre longue);

Des paniers à vin de Champagne pour 1, 3, 6, 12, 24 bouteilles; ils ont comme signe particulier des filets roses sur le couvercle et deux filets de pourtour sur le coffre;

Des paniers cannés tout blancs, qui s'emploient en grande quantité pour l'expédition des fruits et primeurs par les commissionnaires des Halles centrales.

Tous ces ouvrages, bien que généralement en grosse vannerie, sont exécutés avec beaucoup de soin, de précision, de fini.

En vannerie demi-fine, j'ai remarqué :

Une série de petites bottes à fleurs;

Un panier de voyage à la main;

Un panier malle-valise;

Des fauteuils de vestibule ou de jardin.

Tous les osiers sont récoltés dans l'arrondissement de Vouziers et beaucoup proviennent de plantations exécutées par M. Huant-Hourdeaux, dès son début dans cette industrie. Il a donné là un très profitable exemple, bientôt suivi par les propriétaires voisins.

Il n'est pas sans intérêt à ce propos de faire remarquer que les prairies humides, où croissent les joncs et les laîches, qui constituent le plus mauvais fourrage, sont facilement et avantageusement transformées en oseraies; il suffit, après une ou deux cultures profondes, d'assainir le terrain sans le dessécher en y ménageant des rigoles d'écoulement et de planter des boutures, d'environ 0 m. 30 de longueur, de la variété que l'on veut cultiver. Celle connue sous le nom de *grisette* est la plus répandue, l'osier rouge paraissant plus sensible aux gelées et se ramifiant davantage.

J'ai suivi une opération de ce genre, à une époque où les paquets d'osier se vendaient 40 francs les 100 kilogrammes, et j'ai constaté les résultats suivants :

L'oseraie commence à rapporter au bout d'un an; mais les frais de culture, de récolte, de mise en bottes, d'écorçage et de transport sont supérieurs à la valeur des produits; le bénéfice ne se produit qu'à la seconde année.

Pour une surface d'un hectare, les rendements étaient les suivants :

A un an, première récolte; perte nette de 18 francs;

A deux ans, deuxième récolte; bénéfice net de 188 francs;

A trois ans, troisième récolte; bénéfice net de 1,812 francs.

Ce dernier revenu, qui représente 85 p. 100 du capital initial engagé (valeur des terrains et travaux de culture des plantations), peut se maintenir pendant quinze ans environ; il suffit comme culture d'entretien de désherber le terrain deux fois par an.

L'installation de cette industrie, aujourd'hui que les osiers ont atteint le prix de 50 francs les 100 kilogrammes, a donc été un véritable bienfait pour le pays; la fabrication par semaine atteint le chiffre respectable de 25,000 francs.

La maison Huant-Hourdeaux a obtenu en 1889 une médaille d'or à l'Exposition universelle de Paris.

8. *MM. MOUGENOT (L.)*, rue de Charonne, 34, à Paris.

C'était certainement, dans la section forestière française, l'exposition qui présentait le plus d'intérêt.

L'industrie du tranchage des bois d'ébénisterie et principalement des bois dits *des Iles* (acajou, palissandre, thuya) a créé, lorsqu'elle a été installée vers 1844, une véritable révolution dans la fabrication des meubles; cette industrie était toute française à l'origine et l'on doit lui attribuer en très grande partie l'essor qu'ont pris les maisons du faubourg Saint-Antoine.

Les panneaux de placage étaient alors débités à la scie et celle-ci enlevait avec la voie 0 m. 002 d'épaisseur de matière pour donner un panneau de 0 m. 001; il y avait donc une perte de 2/3 ou 66 p. 100 d'un bois précieux pour chaque feuillet obtenu.

Avec le couteau, perfectionnement mécanique du rabot, qui sépare les fibres sans déperdition de matière, le prix du mètre carré de placage est tombé :

Pour l'acajou, de......................	1^f 45	à	0^f 45
Pour le palissandre, de..................	3 50	à	1 25

soit à peu près de 3 à 1.

Les feuilles n'ont souvent que 0 m. 0002 d'épaisseur, sans montrer ni déchirure ni solution de continuité; plaquées sur bois tendre, elles ont sensiblement le même aspect que les panneaux sciés qui ont une épaisseur beaucoup plus forte.

L'industrie du placage, à la suite de cette invention, reçut une impulsion inouïe et il n'est modeste ménage qui ne possède aujourd'hui un mobilier en bois des Iles, jusqu'alors l'apanage des maisons fortunées.

M. Mougenot prit en 1867 la direction de l'usine qui avait exécuté les premiers tranchages. On n'y faisait alors que les tranchages à plat ou de droit fil, à l'aide d'un chariot portant le couteau, animé d'un mouvement alternatif dans un sens horizontal et tranchant chaque fois une feuille d'épaisseur déterminée.

Ce mode de débit présentait de graves inconvénients, lorsqu'il s'agissait de bois creux ou gâtés au cœur, comme sont fréquemment les palissandres du Brésil ou bien des bois mouchetés comme le thuya et l'érable d'Amérique.

Dans le premier cas on n'obtenait que des feuilles d'une largeur réduite; dans l'autre, les mouchetures allant du centre à la circonférence se trouvaient tranchées obliquement et perdaient tout leur effet pour l'ébénisterie.

M. Mougenot inventa, en 1872, le tranchage demi-circulaire qui remédie à ces deux inconvénients, car il tranche dans un sens perpendiculaire au rayon. A l'inverse du premier système, dans lequel le couteau est mobile, le tranchage demi-circulaire possède un couteau fixe, taillé en biseau; les deux pièces de bois à débiter, demi-rondes, sont fixées par des tire-fonds sur une longrine en fer, qui est animée d'un mouvement de rotation. Chaque pièce de bois se présente ainsi successivement à la lame, qui détache par chaque révolution deux feuilles d'épaisseur déterminée.

Ce mécanisme est si parfait, si bien réglé, qu'on arrive, par un évidement en quelque sorte mathématique et sans solution de continuité, à réduire en une seule feuille un arbre d'un certain diamètre. Un érable sycomore notamment a été converti en une feuille de 640 mètres carrés de surface et de 0 m. 00025 d'épaisseur.

Dans le but d'éviter des effets d'arrachement qui nuiraient à la beauté du grain, on attendrit les bois à débiter en faisant passer les billes, pendant leur mouvement de rotation, dans un bassin en tôle rempli d'eau bouillante et maintenue à la température de 100 degrés par un jet continu de vapeur; le bois offre ainsi moins de résistance à la pression du couteau.

Depuis 1860, les premiers brevets, pris par la maison Mougenot, sont tombés dans le domaine public, et nombre d'autres maisons se sont créées (environ 20 à Paris, 5 en province, 12 en Allemagne, 2 en Angleterre, 2 en Espagne), qui pour la plupart tranchent encore à plat, mais l'invention est française et le mérite du tranchage demi-circulaire revient en entier à M. Mougenot.

Son usine à vapeur, rue de Charonne, 34, à Paris, comprend :

1° Une scie déballeuse à ruban, qui détache les dosses et transforme les billes en prisme réguliers qui atteignent souvent 1 m. 50 de côté. J'ai vu sur chantier une pièce d'acajou de cette dimension, à laquelle on avait retranché des dosses de 0 m. 30 d'épaisseur ; la bille naturelle mesurait donc 2 m. 10 de diamètre. Cette scie absorbe environ 10 à 12 chevaux-vapeur ;

2° Une machine à trancher à plat, du premier système, tranchage sur dosses. M. Mougenot y pratique aussi par une disposition ingénieuse le tranchage sur mailles dans le sens des rayons. La pièce de bois est à cet effet divisée en quatre, d'après la figure ci-contre, et l'on y pratique deux plats *a, a* afin de l'asseoir horizontalement sur le châssis ; le tranchage a lieu dans le sens *ob*. Cette machine absorbe environ 3 chevaux-vapeur ;

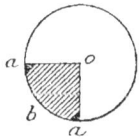

3° Une machine à trancher circulairement dont la description a été donnée précédemment et qui demande la même force de vapeur ;

4° Enfin une machine à affûter automatiquement les couteaux et qui est d'un dispositif très bien conçu : une vis sans fin horizontale fait mouvoir, dans le même sens, le chariot qui porte la lame d'acier ; celle-ci passe devant la meule qui égalise le couteau jusqu'au cran le plus profond et l'affûte finement de manière à éviter les stries et les déchirures.

Cet appareil absorbe environ 4 chevaux-vapeur.

Le séchage des feuilles de placage se fait dans l'établissement. Un monte-charge les élève, aussitôt tombées du couteau, aux cinq étages supérieurs, où elles sont étendues, une à une, sur des claies ou sur des barreaux mobiles ; il est essentiel en effet, pour que toutes offrent le même ton, qu'elles ne soient pas disposées en paquets de deux ou plusieurs ; ceci est surtout indispensable pour l'acajou.

Le séchage est rapide, grâce à la ventilation, et vingt-quatre heures suffisent au cœur de l'été.

M. Mougenot occupe journellement 40 ouvriers et le chiffre de ses affaires est de 800,000 francs à 1 million de francs. La maison Érard, qui lui demande des bois de fil pour la fabrication des pianos, en consomme moyennement pour 25,000 francs chaque année.

M. Mougenot exposait à Chicago :

1° Un tableau de centre qui renfermait 32 échantillons de bois tranchés, savoir :

Sycomore.	Palissandre de fil.
Amaranthe.	Citronnier de Saint-Domingue.
Érable d'Amérique.	Noyer loupeux.
Noyer d'Amérique.	Bois de violette.
Chêne maillé.	Bois de rose.
Palissandre de Rio.	Hêtre maillé.
Palissandre de Madagascar.	Acajou moucheté.
Frêne de France.	Ébène de Madagascar.
Thuya.	Acajou ronceux.
Poirier teint.	Frêne de Hongrie.
Amboine.	Charme.
Noyer ondé.	Palmier.
Acajou chenillé.	Vinhatico.
Citronnier de Ceylan.	Acajou moiré.
Noyer veiné.	Chêne vert.
Olivier.	Palissandre avec coups de feu.

2° Deux tableaux latéraux présentant des panneaux d'érable moucheté ;

3° Deux autres tableaux latéraux qui renfermaient chacun 13 échantillons de bois tranchés choisis parmi les plus en usage dans l'ébénisterie, savoir :

Sycomore ondé.	Poirier teint en noir.
Ébène.	Noyer loupé.
Noyer de raccord.	Amboine.
Thuya.	Amourette.
Érables bleu, blanc et rouge, formant	Acajou moucheté.
les couleurs nationales.	Palissandre à ramage.
Bois de violette.	Acajou moiré.
Chêne maillé.	Bois de rose.
Acajou plumes de paon.	Palissandre de fil pour fougères.
Noyer ondé.	Frêne de France veiné.
Érable de Suisse, ondé.	Acajou flambé.
Citronnier moiré.	Citronnier de Ceylan.
Frêne de Hongrie.	

Ces échantillons présentaient les tons les plus variés depuis le noir foncé (poirier teint) jusqu'au jaune (citronnier) et au vert (érable sycomore teint).

4° A l'étage inférieur, deux encadrements, l'un de bois d'amourette, l'autre de frêne de Hongrie, contenant chacun trois panneaux d'échantillons :

Palissandre, citronnier, noyer de France,

Thuya, noyer de France loupeux, amboine.

Ces échantillons sont tranchés à plat, à l'épaisseur de o m. ooo6;

5° Un tableau de filets mosaïques à tons blanc, noir, jaune, filets de nacre incrustée, etc., donnant par leur disposition des dessins très jolis (lignes et points, cubes, losanges, spirales, enroulements, entrelacements, etc.);

6° 13 cahiers de feuilles de placage, d'une épaisseur de o m. ooo6 à o m. oo1.

Olivier veiné......................	4o feuilles cotées à 1 fr. l'une.		
Poirier français teint en noir...........	3o	—	2
Poirier loupeux (Turquie d'Europe).....	3o	—	3
Amboine de l'île de ce nom...........	3o	—	3
Citronnier moiré de l'île de Ceylan.......	4a	—	4
Noyer ondé (provenance française)......	a5	—	3
Pistachier loupeux (Algérie)...........	3o	—	2
Frêne veiné (français)................	3o	--	3
Platane maillé pour cartes de visite......	1oo	—	25 fr. le 1oo.
Frêne de Hongrie..................	31	—	4 fr. l'une.
Noyer veiné à raccord (français)........	3o	—	4
Thuya loupé......................	31	—	3
Noyer veiné, premier choix, français.....	3o	—	1 5o
Noyer ordinaire français.............	5o	—	1

Ce sont les produits bruts, tels qu'ils sortent des machines de M. Mougenot et j'ai constaté, pour ces échantillons, comme pour tous les précédents, que la coupe est tellement fine et sans le moindre arrachement que le placage tombe du couteau aussi uni que s'il était poncé;

7° Enfin une bille pleine formée par une loupe de thuya, qui mesure 2 m. 42 de tour et qui doit avoir une grande valeur. M. Mougenot l'a baptisée *the fine african girl*, la belle fille d'Afrique.

M. Mougenot, qui expose depuis 1868, n'a pas obtenu moins de neuf médailles d'or, dont la dernière à l'Exposition de 1889 (Paris) et de deux diplômes d'honneur (Paris, 1879, et Anvers, 1885).

9. *MM. Nazarian frères,* rue de Reuilly, 41, 43, à Paris,
(bois et placages; loupes de noyer).

Cette maison n'exécute pas elle-même les tranchages de bois de placage; elles les confie aux différentes usines qui existent sur la place de Paris. Elle s'occupe uniquement de rechercher en Turquie d'Europe et d'Asie les belles loupes de noyer ou les billes de cette essence qui offrent un bois bien veiné. Elle possède à cet effet une équipe d'une trentaine de bûcherons disséminés en Turquie, en Asie Mineure, dans le Caucase, la Perse, la Boukharie, et qui opèrent sous la direction d'une agence installée à Constantinople.

Les loupes et billes de toutes dimensions sont dirigées vers les ports les plus voisins et embarquées pour Paris.

MM. Nazarian avaient exposé à Chicago :

1° Une magnifique loupe verruqueuse de noyer de Turquie (*Turkish walnut Knob*) qui mesure 3 m. 65 de circonférence et qui n'est environ que les 2/3 de l'arbre naturel, soit 5 m. 47. Cette loupe est évaluée 1,000 dollars ou 5,000 francs par ses propriétaires;

2° Un grand tableau renfermant une feuille de placage de 1 m. 60 × 0 m. 80, tiré d'une loupe de noyer veiné (*Veneering walnut Knob*);

3° Un autre tableau de 1 m. 10 × 0 m. 40 présentant une feuille tranchée de noyer de Turquie bien veiné (*Turkish veneering walnut Tree*);

4° Enfin un dernier tableau de mêmes dimensions que le précédent, renfermant une feuille tranchée de noyer de Circassie (*Circasian veneering walnut Tree*).

Ces trois échantillons sont d'une très belle qualité, soit comme disposition des veines, soit comme finesse d'exécution.

La maison Nazarian, dont le chiffre d'affaires serait d'environ 600,000 à 700,000 francs par an, s'occupe aussi de la vente, en France ou à l'étranger, des placages de palissandre, acajou, thuya, érable, chêne, poirier, etc.

Elle a le projet de monter, cette année, des machines à scier et à trancher, de manière à fabriquer elle-même.

En 1889, elle a obtenu à l'Exposition universelle de Paris une médaille de bronze pour ses produits; elle avait surtout exposé une loupe exceptionnelle de noisetier pesant 1,500 kilogrammes environ, et elle a fait don au Jardin des Plantes de cette pièce unique.

10. *MM. Lemaire fils et Dumont*, rue Meslay, 59, à Paris.

Cette maison avait envoyé à Chicago une exposition très importante.

Sa fabrication consiste dans la filature et le tissage des fibres d'aloès et de coco et leur emploi dans la confection de cordages, tapis, tissus, sparterie et passementerie des plus variés.

Les objets qu'elle exposait ne représentent pas toute sa fabrication, mais simplement les genres pouvant s'écouler en Amérique; ils peuvent se diviser en dix groupes principaux.

a. *Corderie.* — Elle était représentée par deux pyramides de cordes et ficelles, différemment nuancées (rose, blanc, jaune, vert), depuis la plus petite jusqu'à celle de 0 m. 012 de diamètre. Ces cordes, en fibres d'aloès, sont employées aux usages les plus divers, à faire des laisses de chien, des cordes à sauter, de la vannerie, etc.

b. *Gymnastique.* — Les fibres d'aloès, qui ne pourrissent pas et sont d'une solidité à toute épreuve, égale à celle du chanvre goudronné, devaient trouver un emploi judicieux dans la fabrication des agrès de gymnastique. La maison Lemaire et Dumont trouva la première cette adaptation et sut lui donner une grande extension.

Les agrès se classent en trois ordres : pour enfants, pour adultes, pour hommes, et chaque ordre comprend huit pièces principales : trapèze, anneaux, échelles, cordes à nœuds, corde lisse, corde à consoles, corde à perroquets, balançoire. Le prix pour les huit pièces varie de 35 à 60 francs.

J'ai remarqué une échelle à corde double du prix de 7 francs; c'est un superbe travail comme solidité, souplesse et terminaison du tressage.

La maison exposait aussi, en articles plus soignés, un fauteuil balançoire, coté 30 francs, dont le support et les bras sont en fer, le marchepied en bois, le dossier en aloès tressé. Cet article est destiné aux maisons de campagne et aux pensionnats de jeunes filles.

c. *Hamacs.* — Ces appareils très bien faits, très solides et très joliment nuancés, attiraient particulièrement l'attention des visiteurs. Il y en avait de toutes dimensions, pour la poupée, le bébé et les adultes, de 5 à 80 francs pièce. Ils sont faits en fibres d'aloès, agrémentés de franges de passementerie et pourvus d'un mode d'attache qui permet de les suspendre dans les appartements et les jardins sans qu'il soit besoin de crochet, de corde ou d'une tige d'arbre. Les cordes de hamac se détaillent à raison de 2 francs la paire.

d. *Sacs.* — Il y en avait de toutes variétés : 1° des musettes et cabas pour écoliers et ménagères, objets à peu près inusables et beaucoup moins chers que ceux en maroquinerie, ce sont des monacos à tissu guipure; 2° des monacos à tissu plein, sortes d'aumônières pour les dames en villégiature ou aux bains de mer, etc.; ceux-ci peuvent être brodés et garnis.

Les prix varient de 3 à 24 francs pour la douzaine.

e. *Brides* de chevaux en fibres d'aloès, tressées, nuancées bleu et jaune; c'est un harnachement de luxe très apprécié dans l'Amérique du Sud, notamment au Chili; le prix varie de 48 à 72 francs la douzaine.

Licols ou bridons de chevaux, dits *mexicains,* de 6 à 24 francs la douzaine.

f. *Dessous de plats* ronds et ovales; ils sont faits de cordelettes cousues, mais disposées de façon à simuler un tressage; il y en a de toutes les dimensions entre o m. 11 et o m. 25 de diamètre et les prix varient de 1 fr. 75 à 6 francs la douzaine.

On les utilise en Amérique pour faire des porte-bouquets; la maison les fait alors sur commande et nuancés d'après les échantillons de soieries qu'on lui envoie.

g. *Tapis.* — On en voyait de toutes les variétés :

Le tapis *décrottoir,* en forme de grillage ou bien tissé en plein; ils sont faits l'un et l'autre de fibres de coco ou d'aloès et coûtent de 2 fr. 50 à 12 francs le mètre carré.

Le tapis *brosse,* ou fibres de coco provenant de Cochin ou de Ceylan; il a une bordure de laine rouge ou bleue. Ce sont les essuie-pieds les plus estimés. et leur tissu est analogue à celui du gros velours. Le prix varie de 6 fr. 50 à 20 francs le mètre carré suivant qualité et dessins.

Le tapis *d'appartement* en fibres de sisol, d'aloès ou de coco; il est très résistant quoique peu coûteux, et il est un excellent isolant contre l'humidité.

Le prix est de 1 fr. 75 le mètre linéaire avec une largeur de o m. 50.

Le tapis *mansourah,* création de la maison; il est en fibres d'aloès disposées par pinceaux diversement nuancés et assemblés au point noué; il imite ainsi le genre Smyrne et pourra, avec des perfectionnements, reproduire les grands tapis et carpettes de l'Orient. Le prix est de 12 francs le mètre carré environ et les tapis exposés étaient cotés de 27 à 90 francs la douzaine suivant les tailles.

h. *Passementerie.* — Outre des embrasses et glands pour rideaux de fenètre, la maison expose des échantillons de franges pour hamacs (nuance rose) à 0 fr. 90 le mètre linéaire.

Ce qui distingue les produits de la maison Lemaire et Dumont, c'est leur imputrescibilité et leur solidité à toute épreuve, puis leur excessif bon marché. Ils sont en outre admirablement confectionnés et remarquables par leurs gracieux dessins et leurs jolies nuances.

Cette maison fait une sérieuse exportation sur l'Angleterre, les États-Unis et l'Amérique du Sud; son exposition était parmi les plus fréquentées et il est certain que tous les objets qu'elle avait à Chicago seront très facilement vendus.

Fondée en 1839 et modeste à ses débuts, elle est devenue très importante et n'occupe pas moins de 130 ouvriers avec une force motrice de 35 chevaux-vapeur, dans son usine de Dammartin (Seine-et-Oise).

Elle a été récompensée, aux Expositions de Nice (1874), Saint-Omer et Épernay (1884), Anvers (1885), Paris (1889), de médailles de bronze ou d'argent; elle a été hors concours à Liverpool (1886) et au Havre (1887); tout la désignait pour une médaille d'or à Chicago, si cette récompense avait été décernée.

11. *M. le docteur JEANNEL, de* Villefranche-sur-Mer.
(Documents relatifs à la Société française des Amis des arbres.)

Il exposait :

1° Un tableau chronologique des publications relatives à la Société française des Amis des arbres;

2° Deux livres reliés renfermant les bulletins mensuels de ladite Société, de janvier 1891 à décembre 1892 ; assemblées, statuts.

1891. — *Sommaire.*

Dépopulation et reboisement. — Création de pépinières.

Plantation par chaque membre ne payant pas de cotisation de cinq arbres chaque année et d'un arbre par ceux qui payent. — Destruction du puceron lanigère du pommier, etc.

1892. — *Sommaire.*

Culture de la truffe. Première plantation par la société. — Le déboisement. Dépopulation.

Pépinières économiques. L'*arbor day* américain.

La restauration et la conservation des terrains en montagne.

Le gibier, les oiseaux.

Le reboisement pratique.

La déforestation en Russie, etc.

3° Une chanson de Nadaud intitulée *l'Arbre*. (Invocation dédiée à la société « les Amis des arbres ».)

4° Une collection de documents relatifs à l'*arbor day* français :

   a. Forêts et vergers, par le docteur Jeannel (1891).

   b. Statuts adoptés le 6 avril 1891.

   c. Nice médical (périodique mensuel, un article). Corrélation entre l'existence des forêts et la prospérité des peuples.

     Du déboisement considéré comme cause de la détérioration des climats, de la misère et de la dépopulation ; principaux chapitres très développés :

     Les contrées dépourvues d'arbres sont stériles et inhabitées.

     Des contrées autrefois peuplées et civilisées sont devenues stériles et inhabitées lorsque les arbres y ont été détruits.

     Comment s'explique le rôle hygiénique des arbres en qualité de régulateurs et de modérateurs des agents atmosphériques.

     De la nécessité du reboisement.

     Arbor day américain.

   d. Congrès de Marseille en 1891 :

     M. le docteur Jeannel a traité du déboisement considéré comme cause de dépopulation et des moyens d'y remédier.

     L'*arbor day* américain, fondé en 1872 dans l'État de Nebraska, a planté, depuis dix-neuf ans, 355 millions d'arbres fruitiers et forestiers. La multiplication des vergers en Californie est devenue une source de richesses plus féconde que les mines d'or.

   e. Influence des forêts sur la production de la pluie.

   f. Nouvelles recherches au sujet de la diminution du mouvement ascensionnel de la population dans les départements montagneux ravagés par le déboisement.

Le tableau chronologique était seul exposé ; les brochures et documents avaient été dissimulés sous le rideau, car ils auraient été dérobés dès le premier jour.

Il est regrettable d'ailleurs que les envois de M. le docteur Jeannel n'aient pas été traduits en anglais ; rédigés en langue française, ils n'attiraient pas l'attention des visiteurs.

L'*arbor day* n'existe en Amérique que dans cinq États, ceux qui, comme le Nebraska situé dans la Prairie, ont été dépourvus de bois dès l'origine et sentent la nécessité de se créer des ressources à ce sujet.

C'est alors une puissante institution, ayant son jour de fête solennel et fonctionnant avec succès.

Mais pour tous les autres États, bien peuplés de forêts au début de leur existence et qui sont encore dans la période de jouissance abusive, les sages enseignements de M. le docteur Jeannel ne sauraient y être appréciés comme ils devraient l'être; la destruction des forêts y est poursuivie sans relâche, et l'idée du reboisement, de la régénération sylvicole y est absolument inconnue.

On doit néanmoins rendre hommage au zèle, au dévouement avec lesquels M. le docteur Jeannel poursuit le développement de son œuvre; comme un courageux missionnaire, il est venu porter la bonne parole dans un milieu d'infidèles. Puisse-t-elle y fructifier et s'y propager dans un jour prochain !

TABLE DES MATIÈRES.

LA SYLVICULTURE FRANÇAISE.

COMMISSARIAT SPÉCIAL DE L'AGRICULTURE

COMITÉ 9

La Section hippique à l'Exposition de Chicago

RAPPORT DE M. A. D'HUMIÈRES

DIRECTEUR DU DÉPÔT D'ÉTALONS DE COMPIÈGNE

COMMISSAIRE RAPPORTEUR

Comité 9.

LA SECTION HIPPIQUE
À L'EXPOSITION DE CHICAGO.

La ville de Chicago, située dans l'Illinois et bâtie sur les bords du lac Michigan, est une des villes les plus importantes des États-Unis.

Chaque année, sa population augmente dans des proportions extraordinaires et le recensement de 1893 accuse 1,100,000 habitants, au lieu de 750,000 en 1886; la population de cette cité a donc presque doublé en sept ans.

L'Exposition, appelée un peu pompeusement par les Américains la Foire du Monde (*World's Fair*), était, malgré toutes les critiques formulées par les journaux européens, vraiment superbe et grandiose.

Distante d'environ 12 kilomètres du centre de Chicago, on y parvenait très aisément, grâce à la multiplicité merveilleuse des moyens de locomotion. Ouverte le 22 août, l'exposition chevaline s'est terminée le 21 septembre.

J'ai été très bien reçu, en arrivant, par le président, M. W. I. Buchanan, chef du Département de l'Agriculture, et M. Charles Mills, vice-président, dont l'aimable accueil m'a été très utile dans l'accomplissement de ma mission.

Les chevaux étaient logés avec le bétail dans des baraquements en bois bien aménagés et surtout très solides, couvrant une superficie de 27 acres et assez spacieux pour contenir 3,000 places.

Les animaux, croupe à croupe, étaient séparés par une allée de 6 mètres. Derrière les râteliers, avait été ménagé un couloir facilitant la distribution de la nourriture et servant aussi de dortoir aux hommes d'écurie.

A côté des constructions dont je viens de parler, se trouvait un immense bâtiment, de forme circulaire, rappelant par sa forme les anciennes arènes romaines et servant à l'examen des animaux, qui avait lieu sur une piste elliptique de 300 mètres de tour, autour de laquelle étaient disposés des gradins superposés pouvant contenir 12,000 spectateurs.

Le catalogue officiel était fort incomplet; les numéros ne se suivant pas, les recherches devenaient très difficiles. Impossible d'y trouver le moindre renseignement sur l'âge, la taille et la robe des animaux présentés.

En outre, une somme de 2 dollars ayant été exigée pour inscrire au programme l'origine des animaux, tous les exposants, à peu d'exceptions près, avaient reculé devant cette dépense, ce qui constituait une grande lacune.

Les chevaux avaient été divisés en 19 classes, savoir :

1° Carrossiers français;	11° Morgans;
2° Carrossiers allemands;	12° Arabes;
3° Cleveland bais;	13° Américo-arabes;
4° Percherons;	14° Trotteurs françois;
5° Clydesdales;	15° Russes;
6° Shires;	16° Chevaux de selle;
7° Chevaux de trait français;	17° Shetland poneys;
8° Belges;	18° Baudets et ânesses;
9° Suffolk punches;	19° Mulets.
10° Hackneys;	

Les prix dans chaque classe étaient répartis comme ci-dessous :

SECTIONS.	PREMIER PRIX.	DEUXIÈME PRIX.	TROISIÈME PRIX.	QUATRIÈME PRIX.
	dollars.	dollars.	dollars.	dollars.
1° Étalons de 5 ans et plus............	150	100	50	25
2° Étalons de 4 à 5 ans...............	150	100	50	25
3° Étalons de 3 à 4 ans...............	150	100	50	25
4° Étalons de 2 à 3 ans...............	150	100	50	25
5° Étalons de 1 an à 2 ans............	150	100	50	25
6° Étalons de moins de 1 an..........	75	50	30	20
7° Étalons et 3 de leurs produits âgés de moins de 4 ans................	200	100	50	Diplôme.
8° Juments de 5 ans et plus..........	150	100	50	25
9° Juments de 4 ans................	150	100	50	25
10° Juments de 3 ans................	150	100	50	25
11° Juments de 2 ans................	150	100	50	25
12° Juments de 1 an.................	150	100	50	25
13° Juments de moins de 1 an	75	50	30	20
14° Juments et 2 de leurs produits.......	200	100	50	Diplôme.

Prix d'honneur.

15° Étalons de tout âge........................ Médaille
16° Juments de tout âge........................ Médaille.
17° Lot de 2 étalons et 3 juments de 4 ans nés et élevés
    chez l'exposant........................ Médaille.

Les trotteurs et les chevaux de pur sang, sur la demande de leurs propriétaires, ne sont venus à Chicago qu'à la fin d'octobre. Cette décision prise au dernier moment m'a privé de cette réunion qui a dû avoir un peu la physionomie de nos concours hippiques, car les chevaux hongres devaient y être admis; elle devait être cependant pleine d'intérêt.

Par suite de cette abstention, le nombre des animaux présentés s'est élevé à 926 et celui des exposants à 159, se répartissant ainsi :

Provenance.	Exposants.	Animaux.
Illinois	37	220
Michigan	15	175
Iowa	11	137
Wisconsin	9	74
Minnesota	6	64
Canada	32	55
Indiana	5	46
Missouri	15	42
Kentucky	10	36
New-York	7	30
Nebraska	4	18
Russie	2	18
Tennessee	1	4
West Virginia	1	3
Kansas	1	1
North Dakota	1	1
Ohio	1	1
Pennsylvanie	1	1
Totaux	159	926

Dans presque toutes les classes, il n'y avait qu'un *juré unique*.

Cette manière de procéder trouvait le public plutôt résigné que satisfait : elle suppose en effet des hommes impartiaux et compétents.

Beaucoup de classements ont été fort critiqués, souvent non sans raison.

Aucune liste des récompenses n'avait été imprimée suivant l'usage.

La proclamation des résultats avait lieu aussitôt que le juge avait terminé son travail.

Les animaux par ordre de mérite défilaient sur la piste précédés par les *marshalls* à cheval qui proclamaient à haute voix les noms des lauréats et les prix obtenus.

Souvent même, les propriétaires, également sur leurs montures à côté de leurs animaux, suivaient le cortège, l'accompagnant avec des drapeaux déployés sur lesquels se lisaient leurs adresses, ce qui constituait une excellente réclame pour leur élevage et un très curieux spectacle.

Pour apprécier en détail les diverses classes d'animaux figurant à l'Exposition, je les grouperai en chevaux de trait et chevaux de sang.

CHEVAUX DE TRAIT. — Le premier groupe comprend les clydesdales, les shires, les suffolk-punches, les belges, les chevaux de trait français de toute espèce et les percherons.

Clydesdales et shires. — Les *clydesdales* et les *shires,* au nombre important de 236, comprenaient plusieurs sujets d'une réelle valeur avec un corps puissant et régulier, mais beaucoup parmi eux péchaient dans leurs membres de mauvaise nature et leurs pieds bien souvent défectueux. De plus, leur tempérament est lymphatique et ils manquent de moyens.

La tradition fait descendre les shires de juments flamandes importées autrefois en Angleterre et qui seraient le point de départ de cette race.

Suffolk-punches. — Je préfère de beaucoup cette variété aux deux premières; elle était seulement représentée par vingt animaux avec de l'ampleur, de la trempe et de bonnes allures.

Belges. — Les *belges* étaient peu nombreux et fort médiocrement choisis.

Chevaux de trait français de toute espèce et percherons. — Ces deux classes n'étaient composées que de percherons et se confondaient en réalité, c'est pourquoi je les réunis pour en parler.

Les juges, pour la première, étaient M. Robert Graham, et pour la seconde, M. Thomas Slatterly.

La tâche que ces Messieurs avaient à remplir était des plus difficiles, car ces deux concours, le second surtout, étaient remarquables, et le choix entre les nombreux concurrents très délicat à faire.

Les premiers prix dans toutes les sections ont été attribués à l'élevage de M. Dunham, l'importateur si connu de nos chevaux français.

Sa supériorité était vraiment incontestable et la célèbre ferme d'Oaklawn a eu les succès qu'elle méritait.

L'élevage de la race percheronne se pratique surtout dans le Michigan, l'Illinois, le Minnesota et le Canada.

Les animaux les plus remarquables à signaler étaient :

Importés
- *Fier-à-bras*, par *Briard* et *Vieux-Décidé* (Eure-et-Loir).
- *Forfait*, par *Bogador* et *Chéri* (Orne).
- *Introuvable*, par *Séducteur* et *Brillant* (Eure-et-Loir).
- *Aiglon,* par *Gilbert* et *Philibert* (Sarthe).
- *Bertha*, par *Picador* et *Vigoureux* (Sarthe).

Nés en Amérique
- *Fantine*, par *Fénelon* et *Brillant* (née en Amérique).
- *Viola*, par *Brillant* et *Yago* (née en Amérique).

Importée. — *Valentine*, par *Yago* et *Utopia* (Sarthe).

J'ai pu me rendre compte que notre percheron lutte avantageusement avec les races anglaises qui lui sont opposées : son excellent caractère, son tempérament robuste, la faculté qu'il possède de pouvoir déplacer de lourdes charges en trottant, lui donnent un avantage marqué sur ses concurrents massifs et lymphatiques qui ne travaillent qu'au pas.

La race qui, à mon avis, pourrait lui porter ombrage, serait le suffolk-punche dont les importations se sont heureusement, jusqu'à présent, faites sur une très petite échelle.

Faut-il conclure de ce qui précède que les Américains reviendront prochainement faire de nouvelles acquisitions en France ? Je ne le suppose pas, et ce que j'ai entendu dire autour de moi me confirme dans cette opinion.

Ils possèdent, en effet, des éléments suffisants pour se passer de nous pendant plusieurs années.

Les percherons importés aux États-Unis s'y sont parfaitement acclimatés; ceux qui y naissent valent autant que leurs parents, même après plusieurs générations, comme j'ai été à même de le constater à Oaklawn chez M. Dunham.

En outre, la crise financière que traverse actuellement l'Amérique est un obstacle de plus à la reprise des importations à peu près nulles ces dernières années.

En ce qui concerne la question de volume, les Américains commencent

à se rendre compte que les animaux les plus lourds ne sont pas les meilleurs; aussi les conditions de poids existant au programme de 1886 avaient-
elles été supprimées en 1893. Cependant des bascules installées dans
l'intérieur de l'Exposition servaient pour peser les animaux, mais c'était
facultatif.

En revanche, la robe noire paraît être préférée aux autres pour la race
percheronne. Dans plusieurs sections, en effet, des animaux de couleur
grise, quoique supérieurs, ont été classés après ceux de robe foncée, sans
doute à titre d'indication pour le public.

CHEVAUX DE SANG. — Le groupe des chevaux de sang était composé des
arabes, américo-arabes, chevaux de selle, hackneys, russes, cleveland bais,
carrossiers allemands, carrossiers français, morgans et trotteurs français.

Arabes et américo-arabes. — Les arabes, au nombre de quatre, et leurs
produits avec la race indigène, au nombre de vingt, ne présentaient rien
d'intéressant à signaler : ils m'ont paru très inférieurs à notre race du
midi de la France.

Chevaux de selle. — Provenant principalement du Kentucky et issus
pour la plupart du croisement du pur sang anglais avec les juments d'allure,
il se trouve parmi eux de très jolis animaux pleins de distinction, mais
malheureusement déparés par le dressage bizarre auquel ils sont soumis.

Les Américains ne comprennent pas l'équitation de la même manière
qu'en Europe, et le cheval n'est pour eux qu'un moyen de transport qu'ils
ont cherché à rendre le moins fatigant possible.

Il en résulte que l'amble et le traquenard sont les allures les plus esti-
mées, et une monture remplissant les conditions de modèle et de dressage
exigés atteint parfois le prix de 25,000 francs.

Hackneys. — Ils étaient au nombre de trente-cinq, de taille moyenne,
et ne dépassant pas 1 m. 60. Compacts et distingués à la fois, ces chevaux ont des allures très hautes et cadencées que fait valoir encore un excellent dressage.

Ils sont fort habilement présentés, comme en Angleterre, enrênés et
paraissant trotter en liberté au bout d'une longe de 10 mètres.

Les robes préférées sont surtout le bai brun et le noir, puis le bai,
l'alezan, le rouan et l'aubère.

Russes. — Cette section, très luxueusement installée, était sous la direction du capitaine Ismaïloff.

La plupart des chevaux appartenaient au grand-duc Dimitry.

Parmi eux, on remarquait des trotteurs orloff d'une bonne classe dont quelques-uns sont entraînés à la mode américaine, de très beaux chevaux de selle pour gros poids avec beaucoup de puissance et de sang, ainsi que de forts jolis animaux provenant du croisement de l'orloff avec le sang arabe qui me rappelaient ceux que j'avais autrefois admirés en Pologne chez le comte Branicki.

Carrossiers français. — Au nombre de soixante-trois, ils provenaient principalement des États de l'Illinois, de Minnesota, de Michigan et du Canada.

Les animaux de grand mérite étaient rares dans cette section, sauf ceux de M. DUNHAM qui a obtenu tous les premiers prix comme avec ses percherons.

Parmi les animaux les plus remarquables, j'ai noté :

Perfection, par *Banyuls* et *Page.*
Kervela, par *Follet* et *Divus.*
Cagny, par *Don Quichotte* et *Noteur.*
Éclatante, par *Courtisan* et *Raccoleur.*

Liberté, par *Domino noir* et *Norfolk hero.*
Modestine, par *Colporteur* et *Modestie.*
Verveine, par *Colporteur* et *Regnard.*
Mignonne, par *Quality* et *Banyuls.*

Trotteurs français. — Les demandes d'admission dans cette classe étaient accompagnées de pièces constatant que les animaux présentés remplissaient les conditions de vitesse suivante :

1° Pour un étalon ou jument *de 3 ans*, un record :

Pour 1,600 mètres, à raison de . . . . 1′ 40 le kilom.
  2,400 . . . . 1 43 3/4
  3,200 . . . . 1 49 1/2
  4,000 . . . . 1 57 1/2

4 ans.

Pour 1,600 mètres, à raison de . . . . 1′ 37 le kilom.
  2,400 . . . . 1 40
  3,200 . . . . 1 44 1/4
  4,000 . . . . 1 49 1/2
  6,000 . . . . 2 1/2

5 ans.

Pour 1,600 mètres, à raison de. . . . . 1′ 33 3/4 le kilom.

   2,400 . . . . 1 35 3/4

   3,200 . . . . 1 38 3/4

   4,000 . . . . 1 43

   6,000 . . . . 2 1/4

2° Les animaux de cette section devaient être inscrits au *Stud-Book* français de demi-sang ;

3° Sera qualifié l'étalon ou la jument ayant engendré un poulain déclaré qualifié pour remplir les conditions de vitesse exigées par l'article 1ᵉʳ;

4° La grand'mère d'un étalon ou d'une jument qualifiée sera admise à concourir;

5° Tout étalon ou jument produit d'un père ou d'une mère qualifiée;

6° Tout étalon ou jument produit d'un étalon qualifié et d'une jument dont la mère et la grand'mère étaient qualifiées.

Cette catégorie, qui renfermait un certain nombre des chevaux ayant figuré dans la précédente, manquait d'intérêt en ce sens que tous les animaux *sans exception* étaient la propriété de M. Dunham à qui j'ai remis, sur l'invitation du président, M. Buchanan, un beau bronze signé Isidore Bonheur, offert par la Société française de demi-sang.

Parmi les animaux qui m'ont paru les meilleurs, j'ai noté :

Indre, par *Phaéton* et *Rigolo*.
Agnadel, par *Agnadel* et *Tempête*.
Forcinal, par *Édimbourg* et *Élu*.
Maraudeur, par *Fred Archer* et *Agnadel*.
Cascadeur, par *Indre* et *Niger*.

Isaure Clémence, par *Cherbourg* et *Niger*.
Ketty, par *Phaéton* et *Quiclet*.
Mimosa, par *Cherbourg* et *Gérance*.
Fleur de lys, par *Glaneur* et *Galba*.

La production des anglo-normands est jusqu'à présent plus que médiocre, paraît-il, ce qui a lieu d'étonner.

Pourquoi, en effet, ne réussiraient-ils pas aussi bien que les cleveland et les hackneys ?

Leur acclimatation n'est-elle pas encore suffisante? Les sujets importés sont-ils mal choisis ou d'origine pas assez confirmée ? Je l'ignore; ce qu'il y a de certain, c'est qu'on n'a pas eu jusqu'ici à se louer de leur manière de produire.

Ce qui me fait espérer que ce résultat n'est pas définitif, ce sont quelques bons poulains nés et élevés à Oaklawn qui m'ont été montrés par M. Dunham : chez lui, l'expérience se fera dans les meilleures conditions de succès, si toutefois elle doit réussir.

Mais nos chevaux ont mal débuté, comme me le disait Dahlman, le grand marchand de chevaux de New-York : il en vend de toute espèce, de 12,000 à 15,000 par an, ce qui donne un poids considérable à l'opinion qu'il m'exprimait.

En revanche, il parle avec éloges du percheron, dont le croisement avec les juments de l'Ouest principalement donne d'excellents postiers très recherchés par le commerce.

Cleveland bais. — Ces chevaux étaient au nombre de 48; ils ont des lignes, de la distinction et ne manquent pas d'ampleur, mais ils sont généralement défectueux dans leur corps trop long et leur côte un peu courte. Ce défaut, étant précisément celui de la race américaine, me fait supposer avec raison que ce croisement ne sera pas heureux.

Carrossiers allemands. — Différentes sociétés allemandes avaient envoyé à Chicago près d'une centaine d'animaux, dont beaucoup ayant de la valeur, représentant l'élevage du Hanovre, du Holstein, de Trakkenen et d'Oldenbourg.

Rien n'avait été épargné pour donner à cette exposition tout le relief possible, destiné, sans doute, à créer une concurrence, d'autant plus redoutable pour nos normands, que cette partie de l'Amérique est principalement habitée par des Allemands. J'ai été frappé surtout par les carrossiers d'Oldenbourg, dont l'ampleur et l'ossature puissante sont bien rares aujourd'hui en France.

Les deux juges allemands chargés de décerner les prix ne pouvaient s'entendre et les opérations se sont prolongées pendant trois jours.

Pour les mettre d'accord, on leur adjoignit successivement deux Américains, MM. R.-B. Oglivie et Robert Graham, qui durent, malgré tous leurs efforts, se retirer sans avoir pu y réussir. Il en résulta des classements qui soulevèrent des protestations violentes du public et des intéressés.

La classe ci-dessus, outre les prix ordinaires, en recevait d'autres importants consistant en argent et en objets d'art du Gouvernement impérial,

des Sociétés d'agriculture d'Oldenbourg et du Hanovre et de la Commis
sion impériale allemande.

Poneys du Shetland. — Je parle seulement pour mémoire de cette classe
composée de 85 animaux qui ont été examinés, montés et attelés seuls, à
deux, à trois, à quatre, à huit et en tandem.

Parmi eux, se trouvait un poney importé d'Angleterre et payé 5,000 fr.
à lord Londonderry, quoique âgé de 18 ans. Le public n'a pas beaucoup
goûté, cette fois encore, les décisions des juges, et certains exposants ont
même refusé de présenter leurs animaux.

Baudets, ânesses et mules. — Cette section était représentée par environ
50 sujets, dont certains très remarquables, provenant surtout du Kentucky
et de l'Illinois.

Ils descendent d'animaux importés autrefois du Poitou et plus récemment de la Cerdagne espagnole.

Dans la classe des mules, j'ai constaté qu'en général elles sont très belles
et se rapprochent beaucoup plus du cheval que de l'âne : elles ont des lignes,
beaucoup de sang et de bonnes allures.

Morgans. — Cette race très ancienne comptait 75 sujets, dont plusieurs
m'ont frappé par leur air de noblesse et la pureté de leurs jarrets; ils sont
de robe alezane en général et de taille moyenne; moins à la mode que les
hambletonians, les mambrinos et les clays, ils ont produit cependant des
célébrités comme *Daniel Lambert, Gold Dust, Ethan Allen, Black Hawk*, etc.,
et tout dernièrement *Lord Clinton,* gagnant de vingt courses en 1892 et
dont le record est 2′10 le mille (1′20 le kilomètre). Son père, *Deming Allen,* petit-fils d'*Ethan Allen,* a été placé le premier dans le championnat des
étalons, par les juges, MM. Goodrich et R. Graham.

L'Exposition terminée, j'ai quitté Chicago pour visiter un certain nombre
de haras privés, dont je vais parler sommairement.

Oaklawn. — Cette ferme appartenant à M. Dunham est située à 56 kilomètres de Chicago; on descend à la station de Wayne (Illinois).

La contenance de la propriété est de 500 hectares, partie en culture et
partie en prairies de bonne qualité; malheureusement la sécheresse avait
tout brûlé au moment de ma visite.

Les animaux sont au nombre d'environ 400, dont 300 percherons et
100 anglo-normands.

M. Dunham, très intelligemment secondé par son neveu, M. Flechter, réussit parfaitement dans son élevage dirigé avec une grande habileté.

Le meilleur éloge à faire de l'établissement est de donner la nomenclature des prix qu'il a obtenus à l'Exposition de 1893, à Chicago : ils s'élèvent au chiffre de 110, savoir :

Premiers prix.................................... 64

Seconds prix.................................... 37

Troisièmes prix................................. 8

Quatrième prix.................................. 1

TOTAL............................... 110

KALB. — Cet établissement, qui a eu son heure de célébrité, n'existe plus. La concurrence d'Oaklawn était sans doute trop redoutable. M. Ellwood a vendu ses chevaux.

GLENVIEW. — Ce haras, visité en 1886 par M. l'inspecteur de Lamotte-Rouge, a disparu également. Son propriétaire, M. Mac-Ferran, a été assassiné.

Cette fin tragique a nécessité la dissolution de cette excellente collection d'animaux de valeur, parmi lesquels les deux étalons renommés *Nutwood* et *Pancoast,* qui se sont vendus, l'un 110,000 francs, l'autre 140,000 francs.

WOODBURN. — Cet établissement est le plus complet des États-Unis, on y voit des trotteurs et des pur sang anglais. Il est situé à proximité de Spring Station (Kentucky), sur la ligne de Louisville à Lexington. Le domaine, d'une contenance de 1,200 hectares, est principalement composé de prairies où pousse le *blue grass,* cette herbe qui a tant de réputation en Amérique. Malheureusement, tout était brûlé par le soleil; malgré ces conditions défavorables, j'ai été frappé du bon état des animaux vivant dehors, jour et nuit.

Par suite d'un deuil récent, M. Alexander, propriétaire du haras, avait chargé son associé, M. Brodhead, de me montrer tout en détail, ce qu'il a fait avec beaucoup d'amabilité et de bonne grâce.

On me mène d'abord dans la partie de la propriété réservée à la production des trotteurs et j'apprends la mort récente du fameux *Harold,* né en 1864, frère de *Dexter* par son père *Rysdyk's Hambletonian* et père de nombreux trotteurs dont la fameuse *Maud S.* (2'08 3/4). On me fait voir d'abord *Lord Russel* par *Harold* et *Miss Russel.* Il est frère de *Maud,* par sa mère, et père de beaucoup de trotteurs dont *Kremlin* (2'07 3/4 le mille, soit 1'19 3/8 le kilomètre).

Ses services sont cotés à 1,000 francs par jument.

King Wilkes, b. b. né en 1876, par *Georges Wilkes*, record 2'22 1/4, il est père d'*Olivier K*, 2'16 1/4 (1'24 3/4 le kilomètre), de *Minnie Wilkes*, 2'17, etc. Prix de la saillie, 500 francs.

Expédition, b. b. né en 1889 par *Electioneer*, père de *Sunol* 2'08 1/4; *Palo Alto*, 2'08 3/4; *Arion*, 2'10 1/2, et de 131 trotteurs appartenant à la catégorie de 2'30. Prix de la saillie, 2,500 francs.

Vélocidad, b. né en 1886 par *Electioneer* et *Stutila*, sœur de *Nutwood*. Prix de la saillie, 1,000 francs.

Il serait trop long de citer les juments qui ont toutes des performances, soit par leurs vitesses en course, soit par leur production.

Je note au passage parmi les 45 défilant devant moi.

Miss Russel, mère de *Maud S.*, de *Nutwood*, etc., elle est âgée de 28 ans et sa carrière est probablement terminée; malgré son âge elle est admirablement conservée dans ses membres et pleine de distinction.

Eventide, par *Rysdyk's Hambletonian*, est la mère du fameux *Kremlin* 2'07 3/4.

Primrose, par *Alexander's Abdallah* père de *Goldsmith's Maid* 2'14, et mère de nombreux trotteurs.

En résumé, c'est plutôt la qualité que le nombre des animaux qui a donné les résultats exceptionnels constatés à Woodburn.

Aussi en 1892, *101* animaux provenant de l'élevage du haras ont obtenu des records depuis 2'30 jusqu'à 2'07 3/4 le mille (1'33 à 1'19 le kilomètre).

· 72 juments de Woodburn ont produit *121* chevaux avec des records de 2'30 ou mieux.

Enfin 98 étalons provenant du haras sont les pères de *687* trotteurs avec des records de 2'30 (1'35 le kilomètre) ou mieux.

Les poulains reçoivent tous un commencement de dressage et d'entraînement, ce qui augmente leur plus-value, surtout pour ceux qui peuvent justifier d'une certaine vitesse.

Après les trotteurs j'examine les chevaux de pur sang représentés par 4 étalons et 85 juments. Les étalons sont :

King Alfonso, père de *Don Fulano*, de *Foxhall*, etc.

Falsatto, père de *Dewdrop*, *Jennie T*, *Fresno*, etc.

Powhattan, frère de *Parole*, père de *Burlington*, *Duhma*, etc.
Lisbon, père de *Ripple*, *Troubadour*, *&c.*

Les services de ces étalons sont cotés à 5oo francs.

Le haras de Woodburn n'élève pas les chevaux de pur sang; les poulains sont vendus annuellement comme yearlings.

Les juments en bon état, malgré le manque apparent de nourriture causé par la sécheresse, sont en général régulières de conformation et nettes dans leurs articulations, mais elles m'ont semblé avoir moins d'ampleur et de lignes qu'en Europe.

Quoi qu'il en soit, cette catégorie de chevaux jouit d'une grande célébrité aux États-Unis; ce qui le prouve, c'est le renseignement suivant :

De 1865 à 1886, c'est-à-dire en vingt et un ans, les produits des étalons de pur sang de Woodburn ont rapporté *17,417,890 francs!*

Ce chiffre est assez éloquent pour dispenser de tout commentaire.

J'ai eu occasion d'assister à quelques réunions de courses à Chicago et à New-York où figuraient les deux célébrités du moment *Nancy Hanks* et *Directum* : en les admirant et en me rappelant le superbe élevage de Woodburn, je me disais combien, malgré les progrès incontestables réalisés en France ces dernières années, nous étions encore dans un état d'infériorité marquée vis-à-vis de l'Amérique, au point de vue de la production du trotteur.

A l'appui de mon dire, je citerai le relevé de quelques vitesses obtenues aux États-Unis pendant l'année 1893, jusqu'au 7 septembre seulement :

Princess Clara, 1 an, 2'34 le mille (1'35 le kilomètre).
Falfa (trotteur), 2 ans, 2'20 le mille (1'27 1/100 le kilomètre).
Lena hill (ambleur), 2 ans, 2'17 1/4 le mille (1'25 3/5 le kilomètre).
Fantasy (trotteur), 3 ans, 2'13 1/4 le mille (1'22 4/5 le kilomètre).
Effie Powers (ambleur), 3 ans, 2'12 3/4 le mille (1'21 3/5 le kilomètre).
Directum (trotteur), 4 ans, 2'07 le mille (1'19 3/8 le kilomètre).
Diablo (ambleur), 4 ans, 2'09 1/4 le mille (1'20 3/4 le kilomètre).
Nancy hanks (trotteur), âgée, 2'06 3/4 le mille (1'19 le kilomètre).
Mascat (ambleur), 2'04 1/2 le mille (1'17 1/2 le kilomètre).

Ci-après, les meilleures vitesses obtenues en France par les chevaux français :

Messagère, 3 ans, 1'32,83.
Képi, 5 ans, 1'32,06.

AGRICULTURE. 9

Papillon, âgé, 1'33,49.

Ergoline, 4 ans, 1'33,63.

Leda, 4 ans, 1'34,47.

La meilleure vitesse obtenue en France par les chevaux étrangers est seulement 1'30, suffisante pour nous battre, mais qui ne permettrait pas à ces animaux de gagner leur vie en Amérique où ils ne seraient que de troisième ordre.

Messagère est battue par *Falfa* (2 ans) de 5 secondes par kilomètre et par *Fantasy* (3 ans) de 10 secondes par kilomètre.

En continuant à comparer la vitesse de ceux qui suivent avec ceux du même âge dans le tableau américain, l'écart augmente de plus en plus.

Si nous arrivons jamais à ces vitesses extraordinaires, il faudra certainement encore bien des années avec les éléments actuels que nous possédons; il faut améliorer les pistes de nos hippodromes, former des hommes capables et employer des étalons spéciaux qui nous manquent.

Pourquoi donc, laissant les questions de clocher de côté et profitant de l'expérience des autres, ne pas chercher à acquérir quelques étalons américains appartenant à une race confirmée par excellence, grâce aux sélections si habiles pratiquées depuis de longues années au point de vue de la vitesse ?

Le progrès cherché serait certainement beaucoup plus rapidement atteint.

Il ne faudrait pas évidemment essayer d'acheter des chevaux comme *Orion*, *Stamboul* ou *Directum* qui sont inabordables; mais ceux de bonne origine ayant un record de 2'30 (1'33 le kilomètre) ne sont pas rares aux États-Unis et, la crise financière aidant, leur prix moyen ne dépasserait pas le prix de 5,000 à 7,000 francs. J'ai pu m'en rendre compte dans quelques ventes auxquelles j'ai assisté à Chicago et à New-York.

Le prix du transport jusqu'au Havre est de 250 francs. Les ressources du pari mutuel couvriraient facilement ces dépenses dont l'utilité me paraît très justifiée.

RÉSUMÉ.

Les États-Unis, après avoir été longtemps tributaires de l'Europe, produisent maintenant des chevaux en très grande quantité et à prix réduit, grâce à leur climat, à leurs excellents pâturages et aussi à l'initiative intelligente des Sociétés privées qui, comme en Angleterre, se forment pour l'amélioration de toutes les races. En gens pratiques, les Américains, ne reculant devant aucun sacrifice et profitant de l'expérience de leurs voisins, ont acheté en France et en Angleterre des éléments supérieurs pour élever des chevaux et du bétail. Ils ont réussi, et dans un temps peu éloigné, je le crains, il faut s'attendre à les voir d'importateurs devenir exportateurs de leur race chevaline, y compris le percheron. La chose se fera aussitôt que la question du transport à bon marché aura été résolue, et les Américains ne se laisseront pas arrêter pour si peu.

TABLE DES MATIÈRES.

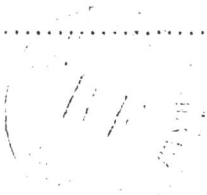

TABLE GÉNÉRALE DU VOLUME.

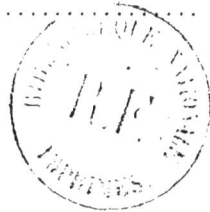

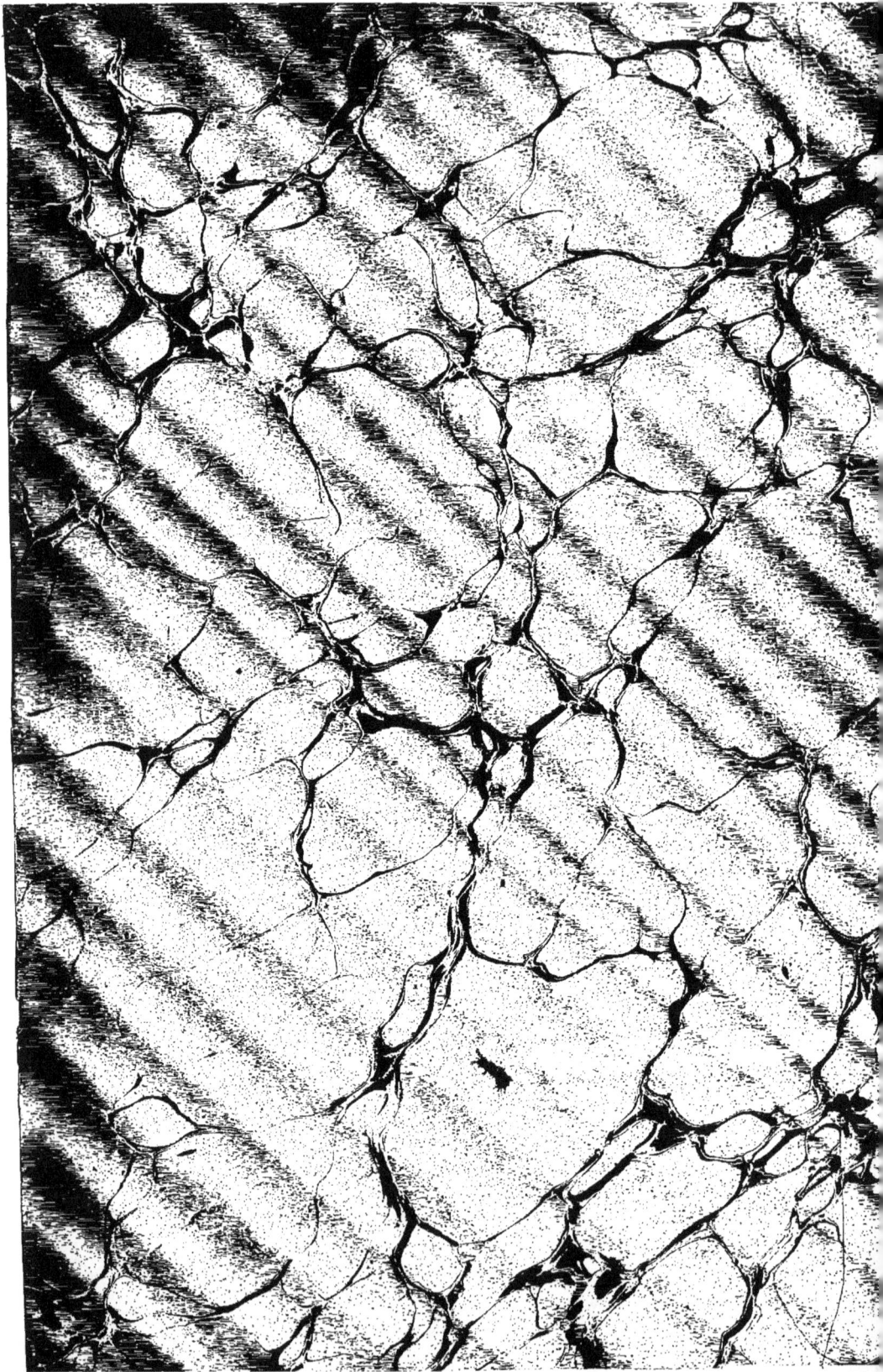

www.ingramcontent.com/pod-product-compliance
Lightning Source LLC
Chambersburg PA
CBHW050009100426

42739CB00011B/2570